# 如何培养孩子的
## 社会能力

教孩子学会解决冲突和与人相处的技巧

[美] 默娜·B.舒尔　　特里萨·弗伊·迪吉若尼莫　著

张雪兰　译

# RAISING
# A THINKING CHILD

全美畅销书
The National Bestseller

北京联合出版公司
Beijing United Publishing Co.,Ltd.

**图书在版编目（CIP）数据**

如何培养孩子的社会能力 /（美）默娜·B. 舒尔，
（美）特里萨·弗伊·迪吉若尼莫著；张雪兰译 . —北
京：北京联合出版公司，2018.2（2024.5重印）
ISBN 978-7-5596-1530-5

Ⅰ.①如… Ⅱ.①默… ②特… ③张… Ⅲ.①家庭教
育 Ⅳ.①G78

中国版本图书馆 CIP 数据核字（2018）第 007874 号

RAISING A THINKING CHILD：HELP YOUR YOUNG CHILD TO RESOLVE EVERY-
DAY CONFLICTS AND GET ALONG WITH OTHERS
by
MYRNA B. SHURE, PH. D. , WITH THERESA FOY DIGERONIMO, M. ED.
Copyright ⓒ 1994 BY MYRNA B. SHURE, PH. D.
This edition arranged with Books Crossing Borders, Inc.
through Big Apple Agency, Inc. , Labuan, Malaysia.
Simplified Chinese edition copyright ⓒ 2018 by Beijing Tianlue Books Co. , Ltd.
All rights reserved.

如何培养孩子的社会能力

作　　者：[美]默娜·B. 舒尔　特里萨·弗伊·迪吉若尼莫
译　　者：张雪兰
选题策划：北京天略图书有限公司
责任编辑：夏应鹏
特约编辑：高锦鑫
责任校对：阴保全

北京联合出版公司出版
（北京市西城区德外大街 83 号楼 9 层　100088）
（北京联合天畅发行公司发行）
水印书香（唐山）印刷有限公司印刷　　新华书店经销
字数 179 千字　　787 毫米 × 1092 毫米　　1/16　　13.5 印张
2018 年 2 月第 1 版　　2024 年 5 月第 13 次印刷
ISBN 978-7-5596-1530-5
定价：30.00 元

# 引 言

　　这是一本关于养育孩子的书——但是，它不会告诉你孩子应该做什么，或者他们应该如何做，而是会告诉你，如何通过鼓励孩子思考，来影响他们的社会适应能力。我说的是一种很特殊的思考方式——就是那种解决与他人相处时遇到的日常问题的思考方式。本书介绍的是一种叫做"我能解决问题（I Can Problem Solve，简称ICPS）"的方法，这是一种以我们的研究为基础，并经过了临床证实和对孩子们的实验检验过的方法。

　　想想你最近与你的配偶、同事、朋友、孩子之间出现的一个问题。想一想你在问题解决之前有什么感觉——是焦急、担心、生气、沮丧吗？现在，再想想你在问题解决之后的感觉——是放松、开心、骄傲吗？想象一下，如果一个接着一个的问题都得不到解决的情形。随着时间的推移，这会对你的感觉造成怎样的影响，你可能会做些什么？或许，你会觉得自己无能并且无助，并开始做出令人无法接受的行为。这就是孩子们在无法成功地解决人际关系问题时的感受。

　　当然，任何年龄的人都会有一些因为日常冲突和未满足的需要或欲望而产生的典型问题。这是自然的。你可能希望邻居在晚上能安静下来，一个青春期的孩子可能希望自己心仪的女孩能答应跟自己约会，一个4岁的孩子可能会因为一个得不到的玩具而大哭。所有这些"希望"的不同之处，就在于每个人如何想办法使其实现。我发现，那些能够以一种解决问题的方式来思考的人，比起那些不能这样思考或还没有学会这样思考的人来说，更容易取得成功，并且能更好地适应社会。

在一次我在费城做的电台访谈节目中，我问过一些在现场的家长，他们已经开始为自己念高中的女儿将来进入大学做准备。这些家长相信，现在——在女儿离开家之前——就开始教女儿做决定的技巧是很重要的。我告诉了他们，我是怎样帮助小孩子学习做决定的技巧，以及怎样教孩子们自己独立思考问题的，这比到高中时再教孩子要容易得多。他们惊讶地发现，他们本来可以在自己的女儿三四岁的时候就开始这么做。例如，一位妈妈帮助自己4岁的儿子罗伯特决定如何说服朋友让他玩他的玩具。当罗伯特说他可以抢时，妈妈帮助他重新考虑一下这个办法。她帮助罗伯特思考，他和那个孩子对此可能会有什么样的感觉，接下来可能会发生什么事情，他还可以用什么别的办法。这种称为"'我能解决问题'对话"的谈话，帮助罗伯特更好地解决了问题。尽管他才4岁，但他已经开始自己思考问题了。

为什么罗伯特这种思考问题的新能力对他和他的父母来说都很重要呢？我和共事25年的同事乔治·斯派维克经过研究发现，那些能认识到行为有因果联系、认识到人都有感受、认识到解决日常人际问题不止有一种方法的孩子，比那些一遇到问题就冲动行事的孩子，会更少出现行为问题。

通过对全国数千名孩子的仔细评估，我和同事们发现，那些具有"我能解决问题"能力的孩子，更不容易沮丧，当事情不如愿时更不容易发脾气，更少攻击性，并且也更关心他人，更愿意分享和轮流来，更能交朋友。一些过分内向的孩子，学会了维护自己的权利，并变得更外向了。

我们在最初的研究中就发现，解决问题的思考方式与行为之间存在着明显的联系，因此，我们就问自己：既然能够用这些思考技巧区分出那些在学校里表现出了社会能力行为和没能表现出这种行为的孩子，那么，我们能帮助那些解决问题能力不足的孩子学会这些技巧吗？并且，如果学会了这些技巧，能让他们达到比他们能力更强的同龄人的水平吗？如果解决问题的思考技巧真的能够指导行为的话，那么，我们就能提供一种减少问题行为的新方法，甚至可能预防问题行为的产生。

我在一家幼儿园的 6 个孩子身上开始了尝试。我仔细听他们说话，努力把我认为会帮助他们解决问题的概念教给他们。我注意到，当我让这 6 个孩子想出一个"不同"的办法来解决我提出的假设性问题时，我总是会一次又一次地反复听到同一个解决办法。有几个孩子倒是能够想出一两个解决办法来。但我发现，另外几个孩子不明白"不同"这个词的意思。我认识到，不管他们知不知道这个词的意思，用这个词和其他一些儿童早期字词概念做游戏，可以为孩子以后形成解决问题的思考方式打下基础。我用一些关键字词编排了游戏。用"不同"这个词做游戏，会使孩子们在我让他们想个"不同"的办法解决问题时联想到有趣的游戏。用"不"这个词做游戏，会使他们将"这是一个好主意，还是一个不好的主意？"这个问题与"不"的游戏联系起来。学龄前儿童可以理解"或者"这个词，这样，他们以后就会想："我可以这么做或者那么做。"在跟孩子进行几次尝试之后，我又教给了 4 位老师，然后是 10 位老师，逐渐增加到了数百位。

起初，思考多种解决办法及其后果的技巧叫做"人际认知问题的解决（Interpersonal Cognitive Problem Solving）"或者 ICPS 技巧——我觉得太拗口了。一天晚上，我躺在床上，突然想到 ICPS 可以表示："我能解决问题（I Can Problem Solve）。"就在我提出这种说法的第一天，一个男孩打了另一个男孩，被打的那个男孩大声说道："他没有 ICPS。"于是，我的方法就有了这样一个名字：ICPS。

我们从研究中知道了些什么呢？首先，那些在学龄前学过"我能解决问题"技巧的孩子，与那些没有学过的孩子相比，解决问题的能力提高了。其次，那些"我能解决问题"技巧较高的孩子，表现出的冲动行为和压抑行为都减少了，并且，在一两年后测试时，依然如此。第三，那些没有表现出行为障碍的幼儿，如果接触了这种方法，在幼儿园里出现行为障碍的可能性就更小了。（这一点很重要，因为这表明，不论一个孩子解决问题的能力有多强，都可以变得更强。）

我们的努力取得了极其积极的效果，于是，我们就把这种方法引入了家庭中。我对这种方法进行了彻底调整，使它适用于家里只有一个孩子的情况（不过，家长也可以对多个孩子使用这个方法）。我们了解到，不仅家长可以在家里成功地向孩子传授这个方法；而且，据这些孩子的老师说，孩子们还会把这些新学会的思考技巧用在幼儿园或学校里。

我们最新的研究表明，除了行为的改变之外，受过"我能解决问题"训练的孩子——甚至是一年级的孩子——学习成绩也更好了。这可能是因为一旦行为通过"我能解决问题"技巧的进步而改变，孩子就能更好地理解学校的要求，从而提高成绩。

事实上，那些学会如何考虑自己与别人的关系的孩子，在生活中普遍做得更好。想想那些在你的家人、朋友、同事圈中最经常不开心、生气、沮丧甚至暴力的人：

·那些因孩子不听话而沮丧，就辱骂或体罚孩子的父母
·那些因为不能相互让步而离婚的夫妇
·那些因为无法抵制同龄人的压力而吸毒、酗酒的十几岁的孩子
·那些用暴力或自虐行为，对自己遇到的挫折做出反应的年轻人

　　我敢打赌，这些人从未学过在遇到问题时深思熟虑地处理与他人的关系。

　　现在，想想那些同样在努力适应外部世界的不开心的小孩子：

　　·那些因为想拿回自己的玩具而咬小朋友的学龄前儿童

　　·那些因父母不能立即满足他的要求而啜泣、大哭、抱怨不止的 5 岁儿童

　　·那些因为经常被性格更外向的同学捉弄而退缩的 6 岁害羞儿童

　　我们的研究表明，如果孩子能够学会处理典型的日常问题，他们就不大可能会冲动、麻木、内向、好斗或者反社会。把孩子的这些行为消灭在萌芽状态极其重要，因为这些行为会导致以后出现更严重的行为问题——例如精神疾病、吸毒、青少年犯罪、早孕或者学业失败，甚至是像我们在洛杉矶骚乱中看到的那种极端的暴力和反社会行为。过分内向的孩子，以后可能会变得孤僻、自卑和抑郁。

　　尽管教育工作者和临床专家历来坚持认为，情绪紧张的释放有助于一个人诚实地思考，但我们的实践支持相反的说法——诚实地思考的能力有助于缓解人的情绪紧张。很显然，从长期来看，让孩子学会如何思考与他人相处时遇到的问题是很重要的。

　　我相信，采用了"我能解决问题"的方法之后，你会发现能立刻给你和孩子都带来好处。

　　这种方法会帮助你：

　　·进一步意识到孩子的看法可能会跟你的看法不一样；

　　·使你明白，从长期来看，帮助孩子通过思考得出一个问题的结论，可能比马上采取行动阻止孩子的行为更有益；

·给孩子树立一个解决问题的思考方式的榜样——做一个会思考的家长，你可能会激励孩子自己去思考。

这种方法会帮助你的孩子：

·在遇到人际问题时，思考该做什么；
·思考解决一个问题的不同方法；
·考虑自己行为的后果；
·判断一个想法好不好；
·认识到其他人也有感受，并且会考虑自己的感受。

尽管与其他流行的教育方法有很大不同，"我能解决问题"的方法仍然是积极养育运动的继续。1965 年，海姆·吉诺特以《孩子，把你的手给我》① 一书点燃了人们对积极养育的热情，他在书中建议，父母不要告诉孩子不要做什么（"不要跑!"），而要正面强调，告诉孩子要做什么（"走!"）。然后，在 1970 年，托马斯·戈登出版了受到高度赞扬的《父母效能训练手册》一书，为家长积极地倾听，以及使用"我式句"（"当你房间脏乱的时候，我很生气"）代替"你式句"（"你太脏了"）打开了大门。这两本里程碑式的著作为本书铺平了道路，让父母们在养育孩子的道路上能更进一步。"我能解决问题"法从只关注父母技巧的倾向向前进了一步，它同时关注孩子的技巧。善于思考的孩子无需别人告诉自己他人的感受；善于思考的孩子能够理解他人的感受，能决定自己该做什么，并且能评估一个主意好不好。

25 年来，成千上万学习过这种方法的孩子（最大的 12 岁）

---

①英文书名为 *Between Parent and Child*，中译本书名为《孩子，把你的手给我》，由京华出版社于 2004 年出版第一版，2006 年出版第二版（最新版），2010 年出版第三版，2018 年由北京联合出版公司出版第四版（最新修订版）。——译者注

证明了该方法是成功的，这些孩子智力水平各异，来自全国各地的市区、郊区学校，包括特拉华、佛罗里达、伊利诺斯、新泽西、俄亥俄、俄勒冈、宾夕法尼亚、田纳西、犹他和弗吉尼亚州。这种解决问题的方法已经被三本为专业人士所写的教育训练手册以及众多专业期刊文章所引用。它还获得了几项国家级奖励：1982年，被美国心理健康协会授予莱拉·罗兰德预防奖；1984年，我和同事乔治·斯派维克获得了美国心理学协会大众心理学部的大众心理学杰出贡献奖；1987年，被美国心理学协会发起的"促进、预防和应急选择特别工作组"评选为心理健康预防模范计划；1992年，被美国心理健康协会评选为推荐计划之一，结果，伊利诺斯、阿拉巴马和乔治亚州的心理健康协会把它选为本州的模范计划，由乔治亚州负责给来自各州重点地区的代表进行"我能解决问题"培训；1993年，模范计划特别工作组，美国心理学协会临床心理学部，儿童心理学部，儿童、青年和家庭服务部都把"我能解决问题"选为全国的模范预防计划。

本书是建立在我们的研究和与孩子们（最大的7岁）的父母共同实践经验的基础上的。我已经知道这种解决问题的方法是多么不同寻常，也知道家长们把这种方法教给孩子有多么容易——现在，我把"我能解决问题"的方法介绍给你。

默娜·B. 舒尔博士

# 目　录

## 第3章　理解他人的感受

"我能解决问题"法的第二步，是帮助孩子在解决日常问题时养成考虑他人感受的习惯。以玩感觉字词游戏的方式让孩子们谈论使自己或生气、或沮丧、或骄傲的事情，会使他们感觉很放松，可以帮助孩子思考他人有什么样的感受。这项技能会让你的孩子在解决问题时有更多的选择。他们将学会如何判断他人对他们的行为和决定有什么样的感受……

## 第4章　更多的字词练习

让孩子进行更多的字词练习，是为了让孩子在真正解决问题之前，能将这些字词用于完整的"我能解决问题"的对话中。这个基础打得越扎实，孩子以后解决问题时真正运用起来就越容易、越有效……随着孩子们在日常对话和活动中对这些词语概念理解的深入，他们就为解决问题做好了准备。

## 第5章　寻找多种解决办法

到了这个时候，你跟孩子说话时已经能很轻松自如地使用

"我能解决问题"字词了，你的孩子也很可能已经非常熟悉这些概念了。但此时还不是停止学习的时候……到目前为止所练习的技巧都只是为思考如何解决问题打下了基础。因为"我能解决问题"方法最重要的部分——孩子真正学会解决自己的问题——还没有涉及到。这包括找到多种解决办法和考虑后果……

## 第6章 考虑后果

现在，我们要加入最后一个解决问题的技巧——考虑后果——这样，你的孩子就能学会评价他们的方法对自己及他人的影响。孩子们就能够从找办法游戏中明白，当他们认为一个解决办法并不能真正解决问题时，还可以想别的办法。

# 第2篇 综合运用

## 第7章 游戏和活动

这一章中给你提供了练习"我能解决问题"技巧的更多好想法，提供了能加强孩子对字词的理解以及在解决问题过程中的感受的理解的一些方法。这些游戏还会提醒你，无论什么时候，你都有机会练习"我能解决问题"的思考技巧……

## 第8章 对话范例

"我能解决问题"对话是家长与孩子对话的一种方式，但并不要求按照死记硬背的"剧本"进行。与在其他方法中家长替孩子思考不同，"我能解决问题"方法能指导孩子自己思考问题，因此，你可以把本章中的对话当做一个方便的参考指南……

# 帮助孩子
# 思考问题

# 第 1 篇

# RAISING
## A THINKING CHILD

第 *1* 章

# 如何思考，而不是思考什么

·当你的孩子抱怨、强求或者哭闹的时候，你会怎么办？

·当你的孩子打了其他孩子或者抢走了其他孩子的玩具时，你会如何反应？

·当你的孩子不听话或者不按照你的要求去做时，你会怎么说？

你可能会以各种方式对这些行为做出反应。你可能会给孩子示范或者教给孩子更容易让人接受的行为。有时候，你可能会选择不理睬这些问题。而有时候，你可能会告诉孩子应该做什么或者不应该做什么，甚至会给孩子解释原因。在我当幼儿园老师时，这些方法我都试过。不过，大多数时候，这些方法全都不管用。我现在相信，这些方法之所以不管用，其原因非常简单：我在替孩子思考。我们所有的人都喜欢自己思考。而且，我已经知道，小孩子也是如此——如果他们有了自己思考的技巧的话。

你在这本书中会看到，我对促进孩子健康而负责任的行为的看法远远超出了我们要做什么的范畴，我们如何思考至少是同样重要的，因为如何思考会影响我们的行动。我的方法是引导孩子解决问题。其最重要的特点，不是教孩子思考什么或者做什么，而是教孩子如何思考，从而让他们能自己决定该做什么、不该做什么，以及为什么要那样做。我会讨论一种非常独特的思考方式，这种方式将有助于解决那些影响孩子如何与他人相处的典型日常问题。我还会告诉你们，即使非常小的孩子也能学会解决自己遇到的人际问题；他们能通过练习一系列的思考技巧学会解决问题，这套技巧就是 ICPS——我能解决问题（I Can Problem Solve）。

# 一个"我能解决问题"家庭

在本书中，我们将跟随一个家庭经历学习"我能解决问题"法的每一个阶段，这个家庭是我这些年合作过的很多真实的家庭、真实的事件、真实的对话的一个合成。同一个家庭中的孩子在解决问题的能力上有所差异，这并不少见。因为各种因素——通常包括过去的经历、家长的管教方式、孩子的性情——的影响，孩子们在思考问题的能力上会差别很大。你将要看到的这个家庭就是这些差异的极好的例子。

＊　　　　＊　　　　＊

首先，我要让你见见 4 岁的亚历克斯。在妈妈对孩子开始实施"我能解决问题"方法之前，亚历克斯是个爱冲动、有时很好斗的男孩子，很不善于解决自己的问题。他从不考虑其他人对他的行为会有什么样的感受，不喜欢分享或轮流来。亚历克斯常常用踢人或者抢夺的方式来得到他想要的东西，这些做法通常会给他带来麻烦，而他好像对此并不在意。其实，很多像亚历克斯这样大年龄的孩子已经能够很好地解决问题了，而亚历克斯却不在其中。

例如，有一天，在幼儿园里，亚历克斯把他的吸铁石给同学乔纳森玩儿，但后来他想要拿回来。可乔纳森不肯还给他，亚历克斯就想抢回来，乔纳森很快地踢了亚历克斯一脚，于是，两人就开始打架。亚历克斯气得满脸通红，开始尖叫，踢得也更厉害了。乔纳森被吓住了，于是，亚历克斯拿回了他的吸铁石。

当亚历克斯想要拿回吸铁石的愿望遭到乔纳森的拒绝时，他想不出别的解决办法来，从而产生了强烈的紧张感和愤怒情绪。打一架的可能性阻止不了亚历克斯，因为他想不出（或者根本没有想）还有其他任何做法。他可能更在意"现在"怎么做管用，而不是这么做以后可能会发生什么。

而亚历克斯的姐姐——6岁大的艾莉森，则采用了一种不同的方式来处理和朋友间发生的问题，因为她已经是一个解决问题的高手了。例如，有一天，艾莉森想要同学梅利莎的装有植物种子的杯子。在放学后的玩耍小组中，艾莉森请梅利莎把她的杯子给她。可是，梅利莎却对她说："不行，我需要这些种子。"这时候，艾莉森并没有做出冲动的行为，因为她清楚地知道，如果她那样做了，只会给自己带来新的麻烦。于是，她灵活思考问题的大脑使得她开始尝试另一种方法。"当我有了大自行车时，我会让你骑。"她对梅利莎许诺。梅利莎却挑衅地喊道："我说过了不行！"然后，艾莉森问道："你要拿那些种子干什么？"梅利莎回答道："种下去。"几分钟后，艾莉森拿着一把沙铲回来了，向梅利莎建议道："我种一些，你种一些，两种花给你，两种花给我，你看怎么样？"梅利莎和艾莉森开始数种子，她们每个人把各自"她们自己的"种子种在了地里。

艾莉森跟其他擅长解决问题的孩子有很多共同之处。当她想要梅利莎的那个装有植物种子的杯子的第一个方法失败后，她尝试另一种办法。但是，也不管用。随后，艾莉森发现了梅利莎不愿意和她分享的理由，是因为梅利莎想要"种种子"。这给艾莉森提供了一个机会，于是，艾莉森提出了每个人各种一些种子的建议。也许，艾莉森可能想到过大喊大叫，或者干脆直接把杯子从梅利莎那儿抢过来，她甚至也有可能想过要和梅利莎打架。但是，说到底，最重要的是，艾莉森能够思考如何协调她的需要和梅利莎的需要，并且考虑其他的选择。这种思考使艾莉森避免了遭受挫折和失败。

我们多年的大量研究显示，擅长解决问题的孩子早在4岁，有的甚至在3岁时就能很快地从挫败中振作起来，考虑通过其他的途径来获得他们想要得到的东西，即使当他们不能够得到自己想要的东西时，他们也可以较好地应对挫折。当他们受挫时，他们会找其他的事情来做，因此，孩子的妈妈无需告诉孩子做什么——孩子自己会思考。这不仅可以让孩子更少地抱怨和强求别人，也可以让他人更少地抱怨和强求孩子。

"我能解决问题"的目标是：把这些解决问题的技巧教给不善于解决问题的孩子；而对于那些已经初步显示出擅长解决问题的孩子来说，则鼓励他们继续发展这些技巧。即使能很好地解决问题的孩子，也可以变得更好，使他们在这方面的天赋逐渐变为解决问题的习惯，防止以后的人际冲突。

为了向你说明如何教孩子这些技巧，我们会一直关注亚历克斯和艾莉森学习、练习以及使用这种解决问题方式的过程。我们会看到他们2岁的弟弟彼得是如何加入进来的。我们还会看到艾莉森的朋友坦娅的故事。坦娅在外面会感到羞怯，她的妈妈学习了如何使用这种方法来帮助坦娅解决问题，使孩子变得不那么怕羞，不再害怕别的孩子。我们会看到"我能解决问题"方法是如何培养坦娅的社会能力的，让坦娅能够欣然地加入到其他孩子当中，和其他孩子一起玩耍。通过这些孩子的经历，我们会看到，孩子的思考技巧是如何通过不断重复解决问题的关键字词、感觉自己及他人的情绪、想出其他的解决办法并考虑后果而形成的。

最后，我们会看到，这种思考过程能鼓励孩子在遇到人际问题时自己思考。

当亚历克斯和艾莉森的妈妈玛丽开始使用这种方法时，让孩子自己思考的想法让她担心孩子们想不出"正确的"解决办法来。他们的爸爸也有同样的担心。我告诉他们——正如我对有着同样担心的其他父母说的那样——"我能解决问题"法的重点不总是要立刻"正确地"解决问题，而是强调帮助孩子练习思考怎样解决问题，这样，孩子就能处理以后遇到的新问题。这一点很重要，因为如果你不断告诉孩子做什么，他们就没有机会自己思考、探究其他选择了。

下面，让我们看看亚历克斯的妈妈在开始使用"我能解决问题"法之前，是如何和亚历克斯交流的。亚历克斯把自己的吸铁石带到了幼儿园，当他从朋友乔纳森手中抢回自己的吸铁石时却遇到了麻烦。（你或许会发现亚历克斯的妈妈的解释跟你对自己的孩子的解释很相似。）

*妈妈*：亚历克斯，老师告诉我你又和小朋友抢玩具了。你为什么要那么做？

*亚历克斯*：因为轮到我玩儿了。

*妈妈*：你们应该要么一起玩儿，要么轮流玩儿。抢可不好。

*亚历克斯*：可吸铁石是我的！

*妈妈*：你要学会和其他小朋友分享自己的玩具。如果你不想分享，那就不要把玩具带到幼儿园去。乔纳森很生气，不想再和你做朋友了。

*亚历克斯*：但是妈妈，他不愿意把吸铁石还给我。

*妈妈*：你不能随便抢东西。如果他对你这么做，你会愿意吗？

*亚历克斯*：不愿意。

*妈妈*：明天你跟他说对不起。

在这段对话中，亚历克斯的妈妈显然没有给亚历克斯任何选择"错误的"解决办法的余地。她问他为什么抢玩具，但是之后并没有听他的回答。她解释了他的行为的后果，接着告诉他要怎么做——应该先和小朋友分享自己的玩具，然后要对乔纳森说对不起。亚历克斯的妈妈太注重教孩子分享了，她一个人完成了所有的思考和谈话。

在对孩子使用"我能解决问题"技巧的过程中，我了解到，倘若教给孩子技巧，并给他们机会，受过解决问题训练的孩子很少会选择"错误的"解决办法，因为父母会用不同的方法来处理问题。他们会教给孩子一套思考的技巧，帮助孩子明白问题所在，明白他们的行为可能会让他人有什么样的感受，预计接下来会发生什么事情，并认识到解决问题的途径不止有一种。当孩子学会这么做时，他们通常会选择对自己和他人负面后果都较少的解决办法。

# 一个成果

让我们看看，亚历克斯的妈妈在学过"我能解决问题"的方法后，是如何帮助儿子思考抢玩具的问题的。

妈妈：亚历克斯，老师告诉我你又抢玩具了。告诉我是怎么回事？

（妈妈帮助孩子认识问题。）

亚历克斯：乔纳森拿了我的吸铁石，不肯还给我。

妈妈：你当时为什么一定要拿回来？

（妈妈要了解更多的信息。）

*亚历克斯：* 因为他已经玩了很长时间了。

亚历克斯的妈妈了解到了一些情况，如果她只是要求儿子分享，是了解不到这些的。她了解到，从儿子的观点来看，他已经分享了自己的玩具。现在，问题的性质似乎变了。对话继续。

*妈妈：* 你那样抢玩具，你觉得乔纳森会有什么感觉？

（妈妈帮助孩子考虑其他孩子的感受。）

*亚历克斯：* 很生气，但我不在乎，因为吸铁石是我的。

*妈妈：* 你抢吸铁石的时候，乔纳森做什么了？

（妈妈帮助孩子思考行为的后果。）

*亚历克斯：* 他打我。

*妈妈：* 那你有什么感觉？

（妈妈帮助孩子思考自己的感受。）

*亚历克斯：* 生气。

*妈妈：* 你生气，你的朋友也生气，并且他打了你。你能想一个你们俩都不生气，而乔纳森也不会打你的方法拿回玩具吗？

*亚历克斯：* 我可以请他给我。

*妈妈：* 那样的话可能会发生什么呢？

（妈妈也指导孩子思考正面的解决办法会产生的后果。）

*亚历克斯：* 他会说不。

*妈妈：* 他可能会说不。你还能想到什么别的办法拿回玩具呢？

（继续把重点放在孩子的问题上，妈妈鼓励他想出更多的解决办法。）

　　*亚历克斯：我可以让他玩我的玩具汽车。*

　　*妈妈：好主意。你想到了两种不同的方法。*

　　这一次，亚历克斯的妈妈没有用她认为"正确的"方法来解决问题。她没有告诉儿子要分享，也没有向儿子解释他为什么不该抢玩具。事实上，在她问儿子为什么当时一定要拿回玩具时，关注的重点已经由原先亚历克斯抢玩具这一问题，转变成了另外一个新的问题的解决办法——亚历克斯如何拿回他的玩具。

　　亚历克斯的妈妈帮助儿子思考了他自己及其他人的感受、他的行为的后果以及其他的做法。这位妈妈是在教孩子如何思考，而不是思考什么。她在用解决问题的方式与儿子谈话——我称之为"我能解决问题"对话法。

　　我知道，你一定常常觉得孩子不听话，但是，亚历克斯和妈妈的第一次对话表明，孩子也一定常常觉得没人听他们的话。当孩子试图解决一个问题时（在这个例子中，问题是："我确实分享了，现在我想要拿回我的玩具"），妈妈在试图解决另一个问题（"我的孩子一定要学会分享"），似乎告知、要求甚至解释最终让两个人都失望了。尽管亚历克斯还不能明确地说出来，但他现在开始感觉到"有人关心我有什么感觉，有人关心我怎么想"。

　　这个例子说明了一段完整的"我能解决问题"对话所包括的全部思考步骤。即使这样，所用的时间也不会比与孩子争吵、辩论或者对孩子进行他们充耳不闻的冗长的解释所用的时间更长。而且，这样完整的对话法使用过一段时间后，跟我合作过的大多数家长都发现，并非总是需要经历所有的步骤。有一次，亚历克斯打了他的小伙伴，他的妈妈只需问："这是一个好主意吗？"

"你能想一个不同的办法来解决问题吗?" 如此简短的提醒，就足以帮助亚历克斯想一个更积极的办法来解决问题了。

亚历克斯和他的妈妈是如何做到这一步的呢? 请看下一章，让我们看看如何开始。

第 *2* 章

# 字词游戏

以能帮助孩子思考问题并得出结论的方式与孩子谈话，是"我能解决问题"的全部内容。在这一章中，我们将讨论形成"我能解决问题"对话法基础的六对字词：**是/不（没），和/或者（还是），一些/所有，之前/之后，现在/以后（稍后），相同/不同**。

对于这些字词，尽管你的孩子可能已经熟悉全部或者大部分，但是这些字词在"我能解决问题"中的具体用法是不一样的，这本书会通过类似于游戏的活动来介绍这些字词。当你第一次说"妈妈**是**女人，**不是**小猫。""我们的脚看上去**相同**，但是你的脚尺寸**不同**。"甚至"你觉得这根香蕉我是该在剥皮**之前**吃呢，还是**之后**吃？"时，你的孩子可能会哈哈大笑。

这些字词要在做游戏的过程中来使用，因为当孩子学会把一些特殊的词与玩耍联系起来后，在解决与其他孩子的争端时，他们使用这些字词的可能性会更大。例如，这几组字词能帮助孩子思考一个想法是好还是不好，打架**之前**发生了什么，以及"他打你是在你打他**之前**还是**之后**"。当孩子把"**不同**"这个词跟好玩儿联系起来时，他们就会愿意思考用不同的办法来解决自己的问题。而且，当他们从玩耍游戏中学会"以后"这个词时，他们更愿意等到以后。

## 介绍解决问题的字词

玛丽把这些字词介绍给孩子的方法，可能会为你在你自己家里教孩子解决问题的字词提供一些启示。不过，你可以自由发挥，自己编排游戏，当你开始使用每一对字词时，要跟孩子合拍。

玛丽决定，等艾莉森白天去上学的时候，把"我能解决问题"介绍给4岁的儿子亚历克斯。（艾莉森不在的时候，亚历克斯似乎更专心一些，而且，玛丽知道亚历克斯会喜欢稍后把这件事告诉姐姐。）"隔一会儿，我们会玩一个'我能解决问题'的游戏。"玛丽说。亚历克斯向来都喜欢跟妈妈待在一起，因此，他马上就喜欢上了这个主意。

"这些游戏会帮助你跟艾莉森以及你的朋友们玩得更开心，"妈妈继续说道，"会帮助你想出办法让艾莉森允许你玩她的玩具，让她不再烦你，不需要叫我就可以解决你自己的问题。听上去是不是个很好的主意？"

亚历克斯同意了，他说："我们玩儿吧！"

### 是/不（没）

**是/不（没）** 这对字词对于像亚历克斯这样4岁大的孩子来说，很容易理解，甚至2岁的彼得也能加入进来一起玩儿。

"我先来：亚历克斯**是**个男孩子，而**不**是一只气球。对吗？"玛丽问道，强调了"我能解决问题"字词。

亚历克斯笑了起来。

"亚历克斯还**不**是什么？亚历克斯**不**是……"

"我**不**是房子！"亚历克斯咯咯地笑道。

"对。你还**不**是什么？"

"我**不**是……小兔子。"

"我**不**是小兔子。"彼得也照着说了一遍。

"我**不**是鱼。"亚历克斯说。

"我也**不**是鱼。"彼得大笑了起来。

"我**不**是电线杆。"亚历克斯大声说道。

第一次尝试就有了一个良好的开端。亚历克斯玩得不亦乐乎，都不想停下来了。他在客厅里蹦蹦跳跳，指着一件件东西喊道："这**不**是蝴蝶。""这**不**是卡车。""这**不**是虫子。"玛丽开心地看着兴高采烈的儿子，发现这个字词游戏其实很容易，可以随时随地玩儿。

## 和/或者（还是）

那天晚些时候，在食品杂货店里，亚历克斯和妈妈继续着**是**/**不（没）**游戏，并且还加上了**和**/**或者（还是）**游戏。当我们想要考虑不止一种方法来解决问题时，就会使用"**和**"和"**或者**"这两个词。

"这**是**桔子，"她说，"**不**是冰激凌。"

当亚历克斯意识到这是"我能解决问题"游戏字词时，便来了兴致。"这也**不**是……玩具。"他加入了进来。

"对。现在我们来看，我是该买桔子**还是**苹果？**还是**桔子**和**苹果一起买？"

"好啊，妈妈，苹果**和**桔子一起买。"

"好的。但我只能选一种果汁。我是该买葡萄柚汁**还是**蔓越橘汁？"

"两个都买！"

"不行。今天我只能选这个**或者**那个。"

亚历克斯开始冲妈妈嚷嚷："不，两个我都要！两个都买！"

"亚历克斯，听好了，"妈妈坚持着，设法让他专心听。"你可以告诉我，你**是**想要葡萄柚汁，还是**不**想要葡萄柚汁。继续。"

这些熟悉的字词似乎帮助亚历克斯平息了他的脾气。亚历克斯尽管依然噘着嘴，但显得平静多了，他拍了拍葡萄柚汁的盒子，说："这**不**是我想要的。"

"很好，你决定了你想要哪一个。那我们买蔓越橘汁吧。"

玛丽希望通过熟悉"或者"与"和"这两个字词，能够帮助孩子在以后遇到问题时考虑多种可能的解决办法，而不是立刻接受脑子里蹦出来的第一个冲动的想法。

## 找到练习的时间

在日常活动中玩字词游戏让玛丽明白了，无需再担心她最初的一个忧虑。当初听到"我能解决问题"方法时，玛丽对我说："我没时间对孩子实行任何系统化的教育方案。"我高兴地告诉她，"我能解决问题"教育法最实用的特点之一就是它的灵活性。这种字词游戏可以在玩耍时间或者讲故事时间玩儿，可以在任何地点——汽车里、超市内、饭桌上——你和孩子在一起的任何地方进行。当孩子遇到问题——每个家庭都很常见的问题：伤害玩伴，哭闹着寻求关注，打断你的谈话，在学校行为不端，和兄弟姐妹打架等等时，这种游戏就可以转变成对话。

"我能解决问题"对话不需要很正式、强制或者花很长时间。你可以在一般的日常活动中使用。这对玛丽来说是最重要的，因为正如她自己所说："我没时间做一个超级妈妈。"玛丽从一开始就告诉我："老实说，如果我能让孩子们按时起床、穿好衣服并且按时吃早餐，那就是成功的了。放学后，我们就开始连轴转了，他们的童子军会议、体育锻炼、我去商店采购；然后是做家庭作业，吃晚饭，洗澡，上床睡觉。你的方法能适应这种日程吗？"

随着我们对"我能解决问题"方法的继续介绍，你会看到，这种方法甚至能适应最忙乱的日程。如果你愿意的话，可以专门抽时间来做游戏和活动，但是你也可以在日常生活中随时进行。

## 玩更多的字词游戏

那天晚上，亚历克斯想要告诉艾莉森他的新游戏。

"妈妈！"亚历克斯喊道，"跟艾莉森讲讲**是/不**游戏。"

"游戏的名字叫做……"妈妈笑了，说道，"'我能解决问题'游戏。"

"怎么个玩法？"艾莉森好奇地问道。

"嗯，是从字词游戏开始的。"妈妈说，"来，我们用彼得的故事书演示给你看。看这幅詹妮和小羊的图片。彼得，告诉我哪个是小羊？"

彼得指出小羊的时候，妈妈赞扬了他，然后继续说道："很好。现在，亚历克斯，请你告诉我：小羊**是被允许**去学校呢，还是**不被允许**去学校？"

"**不允许**！"亚历克斯大声说道。

"对。现在指出女孩**和**小羊。"

亚历克斯指了出来。

"很好。现在指出女孩**或者**小羊的图。"

亚历克斯又指了出来，然后冲艾莉森自豪地笑了笑。

"太简单了。"艾莉森说着就走开了。

"等等，"妈妈说，"试试这个，艾莉森。看这幅图，告诉我：詹妮**是**穿着一条裙子**和**戴一顶帽子，**还是**穿了裙子，但**没有**戴帽子？"考虑了一会儿后，艾莉森生气地看着妈妈，说："你什么

17

意思？"

"慢慢想，詹妮是穿着裙子**和**戴着帽子，**还是**只穿着裙子，而**没有**戴帽子。"

"她穿着一条裙子**和**戴着一顶帽子。"

"对。看，如果你仔细思考问题的话，你就能选对答案。想想这个：小羊**是**站在詹妮**和**学校旁边，**还是**只站在詹妮旁边，而**不**站在学校旁边？"

这一次艾莉森回答得较快。"它站在詹妮**和**学校旁边。"

艾莉森的妈妈为艾莉森更改了问题的难度，因为游戏一定要好玩儿，应该能让孩子在回答问题之前先思考。熟悉了这些字词之后，孩子在试图解决问题之前就会进行思考。他们将学会考虑可能的选择，会说："我能这样做**或者**那样做来解决这个问题。或许我可以这样做**和**那样做。我想我要这样做，但是**不**那样做。"

听着艾莉森玩游戏，亚历克斯渐渐变得不耐烦了，站起来冲着妈妈嚷道："该轮到我了。"

"亚历克斯，这**是**要求轮流的好办法，**还是**个不好的办法？"

亚历克斯笑了一下，承认那**不**是个好办法。

"好了，"妈妈说，"时间不早了，我们可以继续玩这个游戏，**或者**你们可以看会儿电视。"

"如果我们现在看电视，那明天能再玩这个游戏吗？"亚历克斯问道。

"可以。"妈妈向他保证道。

"我也可以吗？"艾莉森问。

"哦，当然可以。我已经为你们两个准备了很多明天玩儿的字词游戏。"

"好吧。"亚历克斯叹了口气，做出了选择，"现在我要看电视。"

任务完成了。在"我能解决问题"游戏的第一天，亚历克斯没有抗争就做出了一个决定，而艾莉森对明天继续玩游戏很感兴趣。从玛丽和孩子们玩的游戏中可以看出，你可以把字词的意思教给孩子，同时做到寓教于乐。

最好能在使用这些字词解决问题之前玩这些游戏，尤其是如果你的孩子还很小，或者还不懂这些字词的话。下面的例子会教你开始用其他"我能解决问题"字词。这时，你可以用图画书、杂志、玩偶、布娃娃、涂色本以及电视节目来编排更多的游戏。孩子喜欢玩的任何游戏几乎都可以用来练习"我能解决问题"字词。

## 一些／所有

"一些"和"所有"这两个字词会帮助孩子理解，一个解决办法可能在某些时候管用，但并非在所有的时候都管用。你可以用下页的图或者某本书或杂志中的任何插图来介绍这两个字词。一起看图，并告诉孩子：

"我在指着**所有**手里拿着东西的孩子。"

"现在，我指着一**些**手里拿着东西的孩子。"

跟孩子谈图画时，继续示范"一些"和"所有"这两个词，直到你确定孩子已经理解了这两个词的涵义。然后，你可以问孩子这样的问题：

"**所有**孩子都戴着帽子，还是只有一**些**孩子戴着帽子?"

"**所有**孩子都站着，还是只有一**些**孩子站着?"

"把**所有没**站着的孩子指给我看。"

"把一**些没**站着的孩子指给我看。"

"现在仔细观察女孩。是**所有**女孩都穿着裙子，**还是**只有一**些**女孩穿着裙子?"

"指一个**不**穿裙子的女孩给我看。"

艾莉森最喜欢的**一些/所有**游戏是她和妈妈在花园里劳动时她编排的：

"**所有**的花都是红色的吗？"她问妈妈。

"不是。"妈妈笑了，意识到这是"我能解决问题"游戏。

"对，"艾莉森同意道，"**一些**是粉红色的，**一些**是黄色的。但是，**所有**的菜豆都是绿色的，对吗？"

亚历克斯跑进花园，他听到了艾莉森的游戏，提出了自己的一个想法："**所有**的番茄酱都是红色的，对吧？"他骄傲地说道。

于是，艾莉森和亚历克斯继续玩游戏，而他们的妈妈在想练习字词的新途径。

## 之前/之后

"之前"和"之后"是思考后果时需要考虑的两个重要概

念，它们能让孩子认识到："我打了他**之后**，他才叫我绰号的。"

你可以在家里做任何包含两个步骤的事情时，教给孩子这两个概念：在准备麦片、刷牙、铺床时，甚至倒水时：

**家长：**今天的游戏是关于**之前**和**之后**这两个词。现在，请仔细看着，看我是怎么做的。我正在打开水龙头。我先打开了水龙头。下面是接下来要发生的事情，仔细看好了。我把杯子端到水龙头下面，把水接在杯子里。

好了。首先，我打开水龙头。然后，我把水接到杯子里。在把水接到杯子里**之前**，我先打开了水龙头。我先这样做的。在我把水接到杯子里**之前**，我打开水龙头了吗（打开水龙头）？

**孩子：**（回答）

**家长：**是的，**之前**。我打开了水龙头。那么，接下来发生了什么？

**孩子：**（回答）

**家长：**我把水接到了杯子里。我打开水龙头**之后**把水接到了杯子里。**之后**是接下来发生的事情。我打开水龙头**之后**把水接到杯子里了吗？

**孩子：**（回答）

**家长：**很好！

## 现在/以后（稍后）

"现在"和"以后（稍后）"这两个词，能帮助孩子处理无法立刻得到想要的东西时的失望情绪，能帮助孩子学会等待，让他们思考："我**现在**不能玩那个玩具。我可以**以后**再玩儿。"下面的对话可以帮助你想出如何让孩子明白这个概念的主意。

**家长：**我们**现在**在玩"我能解决问题"游戏。我们**现在**在做什么？

*孩子：*（回答）

*家长：*是的，我们在玩"我能解决问题"游戏。**稍后**是睡觉时间。**现在**还是**稍后**是睡觉时间？

*孩子：*（回答）

*家长：*我们玩这个游戏是在睡觉**之前**，还是睡觉**之后**？

*孩子：*（回答）

*家长：*是的，**之前**。我们在玩这个游戏**之前**还是**之后**去睡觉？

*孩子：*（回答）

*家长：*是的，**之后**。我们**稍后**会去睡觉。

这些游戏要有趣。要想办法把游戏和日常生活结合起来。你可以在读睡前故事书或者涂色时问孩子类似的问题。你可以让孩子把所有的花（或任何东西）都涂成黄色。你可以问孩子大灰狼是在小猪盖房子之前还是之后敲的门。你可以在上午问孩子是现在还是稍后做晚饭。

## 相同／不同

"相同"和"不同"这两个解决问题的字词能够帮助孩子思考："**不同**的人对**同**一件事可以有**不同**的感受。"而且，他们会明白，相同的问题可以使用不同的方法来解决。

开始时，可以把房间里颜色相同的两样东西指给孩子看。

把同是圆形的两样东西指给孩子看。

把两样重得举不起来的东西指给孩子看。

然后宣布："好了，今天的游戏是关于相同和不同这两个词的。"

"我会指两样东西，你告诉我它们哪些地方**相同**。"（指两样相同颜色的东西。）

"你能猜出这两样东西的**相同**之处在哪里吗？"

（继续指形状、大小、重量等相同的东西。）

"现在，你指出两样在某方面**相同**的东西，我来猜一猜它们有哪些地方**相同**。"

（如果你愿意的话，可以把相同东西的数量增加到三个。）

一个星期六的下午，艾莉森的朋友坦娅来玩儿。坦娅很羞怯，她在陌生或者不安的环境中往往会很内向，不肯讲一句话。艾莉森的妈妈注意到，和坦娅在一起时，艾莉森总是比较强势。事实上，艾莉森已经养成了替坦娅说话的习惯。

玛丽在我的亲子研讨班上第一次接触"我能解决问题"方法时，就想到了坦娅的问题。我说性格内向的孩子对这种解决问题法反应良好，因为这种方法给他们提供了自己讲话所需要的词语和想法。我还提到，把"我能解决问题"字词和身体动作的游戏结合起来，对那些活跃、羞怯或者没有反应的孩子特别有效。因为亚历克斯过于活跃，而坦娅太羞怯，于是玛丽想到可以用下面的身体动作游戏来玩"相同"和"不同"的字词游戏。

"我在举手。现在我又举手了。我刚做了**同样**的事情。我举了手。"

"现在，我要做**不同**的事情了。我要拍一下膝盖（拍一下）。看，拍膝盖（继续拍）跟举手（举起你的手）是**不同**的。"

"拍膝盖（做一下这个动作）跟举手（做一下这个动作）是**不同**的吗？"

（孩子回答。）

"对，它们是**不同**的。拍膝盖跟举手**不是相同**的动作。"

"我在拍膝盖（做这个动作）。你们能做**相同**的事情吗？（让孩子作出反应。）很好，我们在做**相同**的事情。"

（对于没有反应的孩子，你可以用这样的话来鼓励他：

23

"让我们一起做。"并夸张地做动作。)

"你可不可以做一件跟拍膝盖**不同**的事情?（让孩子作出反应。）很好,你在（说出动作）。这跟拍膝盖是**不同**的。"

"好了,我们来玩儿更多跟相同和不同有关的游戏。现在我在跺脚（跺一下脚）。跺脚和拍脑袋**相同**吗?（让孩子回答。）不,跺脚和拍脑袋是**不同**的,它们是_____。（让孩子说出不同之处,可能必须给出相同还是不同的选择,至少刚开始的时候需要。）很好,它们是**不同**的。"

"现在,我们改变一下游戏的内容。现在我在握拳。你能做一件跟握拳**不是同样**的事情,也就是**不同**的事情吗?（让孩子作出反应。）很好,你在（说出动作）。这跟握拳是**不同**的。"

（只要有兴趣,就继续玩下去。有时让孩子做跟你相同的动作,有时做跟你不同的动作。)

因为亚历克斯、彼得、艾莉森和坦娅都在玩游戏,玛丽让每个孩子轮流担任带头人。带头人做一个动作,然后要求其他孩子做相同或不同的动作。

轮到坦娅当带头人时,她低下了头,开始往外走,她太羞怯了,不愿意成为大家关注的焦点。玛丽立刻把她拉回到游戏中来,说:"看,坦娅在走,让我们做**同样**的事情。"大家都站起来,走来走去,坦娅脸上露出了灿烂的笑容,并把走路的动作变成单脚跳,当每个人都跟着她做时,她咯咯地笑了。

第二天,玛丽知道孩子们已经可以玩更复杂的相同和不同字词游戏了。她又用了一个活跃的游戏来保持亚历克斯的兴趣。

"嗨,亚历克斯,看,"妈妈说道,"我可以**同时**做两件事情。我可以举手和跺脚。你可以**同时**做两件事情吗?"

"可以!"亚历克斯大声喊道,"我可以**同时**跳和叫。"

"是的,你当然可以。"妈妈大笑道,"再想两件你可以**同时**做的事情。艾莉森,你可以想两件**不能同时**做的事情吗?"

"比如?"艾莉森问道。

"比如，你不可以**同**时跳和坐。"

"嗨，妈妈，"亚历克斯插话道，"我敢打赌，彼得可以**同**时单脚跳和拍手。"

"好极了!"妈妈称赞道，"说吧，艾莉森，告诉亚历克斯两件**不能同**时做的事情。"

"你**不**可能**同**时侧翻和喝水。"

"我能。"亚历克斯大声说，跑过去拿水。

"等等!"妈妈喊道，"你在逗我吗？你真的可以同时侧翻和喝水？"

亚历克斯笑了，不用妈妈告诉他，他知道自己不能。

妈妈也笑了，继续说道："我们接着玩**同**时做两件事的游戏。我可以**同**时坐在椅子里和打电话吗？"

"可以!"亚历克斯和艾莉森齐声说道。

"这个呢：艾莉森，我可以**同**时给别人打电话和跟你说话吗？"

"可以!"亚历克斯大声回答道。

"不行。"艾莉森笑着说。

"亚历克斯，你回答这个：我可以**同**时做晚饭和读故事给你听吗？"

"不可以。"亚历克斯回答道。

"那么，我可以什么时候给你读故事——晚饭**之前**还是**之后**？"

"**之后**。"亚历克斯骄傲地喊道。

## 在遇到问题时……

这个妈妈继续每天和孩子在特别的游戏活动以及日常对话中运用"我能解决问题"字词。在遇到问题时反复使用这些字词，几乎立刻就开始改变了亚历克斯和艾莉森对问题的看法。解决问题的过程变成了另一个可以一起玩儿的字词游戏，他们不再对妈妈的调解充耳不闻。

字词游戏才玩了一周，亚历克斯和艾莉森就开始争吵：

**妈妈**：怎么啦？

**亚历克斯**：我先拿到的。

**艾莉森**：我先拿到的。

**妈妈**：抢是拿回玩具的**一种**方法。在你们抢夺**之后**发生了什么？

**艾莉森**：我们开始吵架。

**妈妈**：你们谁能想一个**不同**的办法，这样你们两个就不需要吵架了？

**艾莉森**：我可以告诉他怎么玩儿。

**亚历克斯**：我们可以一起玩儿。

如果是由妈妈建议艾莉森告诉亚历克斯如何玩玩具，以及他们可以一起玩儿，那么争吵很可能还会继续。"我能解决问题"对话让这两个 6 岁和 4 岁的孩子思考如何解决自己遇到的问题。如果解决办法是孩子们自己提出来的，他们会认为那是个好办法。

有一天，**一些/所有、相同/不同、现在/以后（稍后）**这几组字词帮助亚历克斯理解了他的姐姐。他向妈妈抱怨："艾莉森不和我一起玩儿。"妈妈说："艾莉森**现在**正做家庭作业呢。你觉得她是抽出**一些**时间来陪你玩儿，还是将**所有**的时间都用来陪你玩儿？"

"**所有**的时间。"亚历克斯小声嘀咕道。

妈妈继续说："艾莉森能**同**时做家庭作业**和**陪你玩儿吗？"

"我想不能。"亚历克斯回答道，依然不开心。

"你能想一件**不同**的事情**现在**去做吗?"妈妈问。

亚历克斯犹豫地回答道:"我可以玩我的卡车。"

"好主意。"妈妈骄傲地说,"艾莉森可以**稍后**陪你玩儿。"

即使小彼得也很快就对使用这些字词有了反应。一天晚上吃晚饭的时候,彼得玩食物玩得不亦乐乎,他用手抓着吃,尽管他知道妈妈不允许他这样做。玛丽克制住想要训斥他的冲动,只是说:"我们用叉子和调羹吃饭,而彼得用手吃饭。彼得吃饭的方式跟我们是**相同**的还是**不同**的?"

"**不同**的!"亚历克斯幸灾乐祸地说。

"**我不是**!"彼得喊道,"**相同**的!"彼得拿起一把叉子,继续吃饭。

用这样的方法激励彼得用餐具吃饭,是多么新奇而简单啊。不管是彼得忘了传统的进餐方式,还是他故意搞笑或者捣乱,像这样引入"我能解决问题"概念,要比要求、建议甚至解释有效得多。

## 在日常生活中寻找使用字词的时机

还有更多途径可以让你每天运用"我能解决问题"字词帮助孩子用游戏的方式熟悉解决问题的概念。你还可以利用这些在日常生活中寻找到的时机,把这些字词的概念教给可能还不理解这些词的年龄更小的孩子。例如,之前和之后这两个词的意思,一些四五岁大的孩子可能对此还比较模糊、不理解,这些游戏有助于向孩子解释清楚这两个概念的含义。

**吃饭时**

"这是汉堡包,**不是**苹果,也**不是**＿＿＿＿＿＿。"

"这是汉堡包**还是**菠菜?"

"我们中的一**些**人在吃豆子,还是我们**所有**人都在吃豆子?"

"这是叉子(指着叉子或者把叉子拿起来)。这是调羹。这两个是**相同**的东西**还是**不同的东西?"

"你是在吃香蕉**之前还是之后**把皮剥掉?"

"吃一**些**晚饭**之后**,你可以吃蛋糕。"

"你可以**稍后**吃甜点,**现在**不行。"

## 在食品杂货店里

"这**是**食品杂货店,**不是**玩具店,也**不是**＿＿＿＿＿＿＿＿＿＿＿。"

"这**是**一盒麦片**和**一盒牛奶,**不是**巧克力糖浆。"

"指两样**相同**的东西给我看。"

"我们**现在**在食品杂货店里。我们来杂货店**之前**你做了些什么?"

"我们可以**同时**在杂货店**和**在家里吗?"

## 看电视

"那个男人**是**在吃饭**和**说话,**不是**在笑,也**不是**在＿＿＿＿＿＿＿＿＿。"

"我们喜欢看**同样**的电视节目**还是不同**的电视节目?"

"我们是在做家庭作业**之前还是之后**看电视?"

## 在汽车里

"这**是**一辆汽车,**不是**棒棒糖,也**不是**＿＿＿＿＿＿＿＿。"

"我们在开车**和**说话,而**不是**在走路。我们也不是在做什么?

我们**不在**____。”

"我们可以**同时**开车**和**说话吗?"

"我们可以**同时**开车**和**走路吗?"

"我们上车**之后**应该马上做什么? 系上_____
(安全带)。"

## 穿衣时

"你是在穿裤子**还是**在穿裙子?"

"把你的袜子**和**鞋子**和**红衬衫拿给我,**不要**拿蓝衬衫。"

"你的衬衫和裤子的颜色是**相同**的**还是不同**的?"

"你是在穿上袜子**之前还是之后**穿鞋子?"

"你是在起床**之前还是之后**穿衣服?"

"你可以**同时**躺在床上**和**穿衣服吗?"

## 任何时候

"今天**是**星期二。 (孩子回答。) 不是? **不是**星期二,**是**
(星期六)。"

"外面**是**大晴天,**没**下雨,也**没**_____。"

"你是在玩玩具**之前还是之后**把玩具收起来?"

"一**些**苹果是红色的,一**些**苹果是绿色的。**所有**的苹果都是
红色的吗?"

"这个房间里**所有**的椅子都是绿色的吗?"

"这个房间里有一**些**椅子是绿色的吗?"

"**所有**的狗都是白色的,**还是**有一**些**狗是白色的?"

"人的眼睛是什么颜色的? **所有**的人都长着蓝眼睛吗? 不,
一**些**人长着蓝眼睛,一**些**人长着_____眼睛。"

## 对行为的反应

当你的孩子与其他孩子互动时，问他们："你的做法（抢玩具，分享玩具等）**是好**还是**不好**？"（不管孩子的做法是好还是不好，都要经常问这个问题。）

当孩子抱怨着寻求你的关注时，告诉他们："我**现在不能**和你（讲故事、玩儿，等等）。也许**稍后**我可以陪你一会儿。你**现在**可以想点**不同**的事情来做吗？"

遇到这种情况时，你还可以用"同时做两件事"的句子。例如，你可以问："我可以**同时**跟你说话**和**打电话吗？"孩子回答后，你可以接着说："你**现在**可以想点**不同**的事情来做吗？"

当孩子必须做出一个选择时，告诉他们："你可以吃糖果**或者**馅饼，但是**不能**糖果和馅饼一起吃。"或者说："你可以玩**一些**玩具，但是**不能玩所有**的玩具。"

你可以把所要运用到的"我能解决问题"字词列在一张单子上，贴在冰箱上或者其他方便的地方作为提示：

| | |
|---|---|
| 是/不（没） | 之前/之后 |
| 和/或者（还是） | 现在/以后（稍后） |
| 一些/所有 | 相同/不同 |

在日常活动中运用这些字词，可以教孩子把字词与游戏联系起来，甚至在"我能解决问题"对话的较早阶段，你的孩子就可以开始用解决问题的方式来思考了。

# 第 $3$ 章

# 理解他人的感受

　　春天的一个下午，4 岁的亚历克斯遇到了一个问题，他使用了一个很常见但很不得体的解决办法。他想骑自己的自行车，但是姐姐艾莉森正在骑。亚历克斯事先没有任何警告就把姐姐推下了车，自己跳了上去把车骑走了。这是在任何操场上都可能看到的一个典型情景，很多儿童发展专家认为，之所以会出现这种情况，是因为小孩子还不能思考他们的行为会让其他人有什么样的感受。然而，我的研究发现，情况并非如此。即使学龄前的儿童也能学会理解他人的感受，并用这种理解来解决他们遇到的与人交往中的问题。

　　如果孩子没有学会考虑他人的感受，这种障碍就会一直延续到他们成年以后的生活中。让我们看看 30 岁的拉里的例子吧。拉里在房地产公司上班，办公室的同事都知道他自私、感觉迟钝。明明知道该转给其他经纪人的客户，他非要自己接；把与客户会面定在很不合适的时间；安排会议时，从不考虑其他同事和客户的日程。拉里的同事对和拉里一起共事感到很生气、很郁闷，因为拉里从来就不会去考虑他的行为会让其他人有什么样的感受。

事实上，很多像拉里这样的人并不是真的自私或者迟钝，他们只是从来不知道在做决定时要考虑其他人的感受。不幸的是，因为他们缺乏这一解决问题的要素，因此，他们也就基本上没有什么朋友，并且在事业上经常会遇到障碍。孩子也是这样，常常会因为不考虑自己的行为会给其他人带来什么样的感受而失去朋友，遇到困难。

"我能解决问题"法的第二步，是帮助孩子在解决日常问题时养成考虑他人感受的习惯。一个和亚历克斯有着同样问题的孩子，将学会停下来想一想："如果我拿不回自行车，我会很生气，但如果我把艾莉森推下车，她就会很生气。"这是脱离"拉里"方式的第一步，是养成寻找多种公平的、考虑到其他人感受的解决办法的第一步——一种能在孩子进入青少年时期以及成年以后继续发挥作用的能力。

当妈妈确定亚历克斯和艾莉森能够经常用上一章中的解决问题字词，能很容易地辨认出来，并且能和游戏联系起来之后，她开始在"我能解决问题"对话中加入感觉字词和问题。在解决问题——这是字词游戏的中心——中最常涉及到的感觉字词有：开心、伤心、生气、骄傲和沮丧。

## 看图游戏

一天晚上，艾莉森和爸爸去参加学校的家长会了，妈妈把亚历克斯叫到了厨房里。（2 岁的彼得当然也跟着过来了。）在给他们两个倒果汁时，妈妈向他们解释了如何用上周说过的

"我能解决问题"字词玩一个跟感觉有关的新游戏。妈妈让亚历克斯看下页的插图。（你可以用本书中的图，或者你自己能找到的任何图都行。）她让亚历克斯用是和不来辨认图中小孩子的情绪。

妈妈指着微笑着的男孩说："这个男孩在微笑。你认为他**开心**吗？"

"开心。"亚历克斯了无兴趣地说。

她指着哭泣的女孩说："这个女孩**没**笑。你觉得她**开心**吗？"

"不开心，"亚历克斯说，"她在哭。"

"不开心。"彼得随声附和道。

"你认为她有什么感觉？"

"我不知道。"

尽管亚历克斯很不积极，妈妈尽量保持着耐心和愉快的态度，她问："**开心**？"同时做了个开心的表情。"还是**伤心**？"又夸张地做了个伤心的表情。

妈妈意识到亚历克斯需要更积极地参与游戏，于是继续说道："现在你指出**开心**的孩子的画。"

亚历克斯指了指开心的男孩。

"很好。现在指出**不开心**的孩子的画。"

亚历克斯又指了指开心孩子的画，然后倒在地板上，大声地笑着自己愚蠢的回答。于是，妈妈知道他只是在逗她。

有些孩子有时会给出愚蠢的、无关的或者相反的答案。有些孩子可能会大笑或者扮鬼脸。如果你在跟孩子进行"我能解决问题"对话时出现这种情况，要以这位妈妈为榜样，继续以积极的态度教孩子。生气和责备实际上会鼓励孩子做出更多类似的行为。随着孩子越来越适应这种游戏，他们的愚蠢行为常常就会消失。当"愚蠢的"孩子正常回答时，一定要表扬他们的努力。

亚历克斯、彼得和妈妈继续玩着游戏，来回换着指笑和不笑、哭和不哭、开心和不开心、伤心和不伤心的小孩的画面。当亚历克斯或者彼得回答得不正确时（不管是不是故意的），妈妈只是重复说（同时做出夸张的面部表情）微笑的孩子可能觉得开心，哭泣的孩子可能觉得伤心，然后再问一遍问题。

艾莉森和爸爸回到家里时，妈妈和亚历克斯还在玩游戏。当艾莉森问这两幅图片是干什么用的时，亚历克斯突然变成了热情的情绪字词专家。

"你必须指一张图，"亚历克斯解释说，"说出男孩或女孩是**开心**还是**伤心**，像这样。"（指着女孩）"她**伤心**。"

"你怎么知道？"亚历克斯的爸爸问。

"因为她在哭，"亚历克斯回答道，而彼得做了个伤心的表情。

"我会。"艾莉森说，"看，"（指着男孩）"**开心**。"（指着女孩）"**伤心**，看，很容易。"

"哇！"亚历克斯一边拍着艾莉森，一边大叫，他希望她对这个新游戏表现得更兴奋点儿。

"艾莉森，"妈妈打断道，"亚历克斯和彼得喜欢指图画中人的脸。我们来看看你还记不记得如何用我们的两个字词来描述这两幅画。"

"什么意思?"艾莉森问。

"这个男孩和这个女孩"(指着图中伤心的脸和开心的脸)"有**同样**的感觉还是**不同**的感觉?"

"不——同。"艾莉森饶有趣味地回答道。

"对,"妈妈说,"他们有**不同**的感觉。他们的感觉**不相同**。很好。你觉不觉得有时你和亚历克斯对**同样**的事情有**不同**的感觉?"

"是的。"艾莉森说。

"现在我们准备上床睡觉,"爸爸说,"你们可以明天再玩儿。"

在以后的"我能解决问题"对话中,妈妈会经常反复强调相同和不同,来帮助孩子明白不同的人对同一件事可能会有不同的感受。

## 理解他人的感受

第二天吃过晚饭后,妈妈继续玩着跟感觉有关的游戏,但是把重点放在了如何判断他人感受的三种途径上。

"我们来说说我们的眼睛和耳朵。"妈妈说,"指你们的眼睛给我看。"妈妈指向自己的眼睛,彼得、亚历克斯和艾莉森也指向他们各自的眼睛。"我可以用我的眼睛看,你可以用你的眼睛干什么?"妈妈问亚历克斯。

"我也可以用我的眼睛看!"亚历克斯说。

"我也可以!"彼得说。

"现在指你们的耳朵给我看。"妈妈指向自己的耳朵,彼得、亚历克斯和艾莉森也指向他们各自的耳朵。"我们可以用耳朵看吗?"妈妈问艾莉森。

"不能!"艾莉森大声说道,"我们用耳朵听!"

"你说得对。"妈妈同意道。"我们的眼睛呢?"她开玩笑说,"我们能用眼睛听吗?"

"妈妈!"亚历克斯吃吃地笑道。

"我们**不能**用眼睛听。你真笨。"艾莉森大笑道。

"你们都很聪明,"妈妈说,"你们知道我们用眼睛看,用耳朵听。好了,现在我们来看看你们到底有多聪明。"妈妈用一张纸挡住脸,非常夸张地笑着问:"我是**开心**还是**伤心**?"

"你**开心**。"亚历克斯和艾莉森异口同声地大声说道。

"**开心**。"彼得同意。

"你们怎么知道我**开心**?"

"因为你在笑。"艾莉森说。

"你们怎么知道我在笑?你是用眼睛看到的吗?"

"不是。"亚历克斯回答说。

"是用耳朵听到的吗?"

"是的。"艾莉森回答说。

"对,你们用耳朵听到了我的笑声。我们再来一次。"

妈妈继续玩游戏,挡住脸,发出哭声。亚历克斯和艾莉森再一次猜到她伤心,因为他们用耳朵听到她在哭。

"现在我们有两种途径可以用来发现别人有什么感觉了。你们判断我**开心**的一种途径是用眼睛看。"妈妈指向她的眼睛,"另一种途径是用耳朵听。"她指向自己的耳朵。

"还有另外一种途径可以用来判断一个人的感受。"妈妈接着说道。她面无表情地说道:"你们能判断出我的感觉吗?"

"你在生气。"亚历克斯猜道。

妈妈摇摇头。

"你在思考。"艾莉森猜道。

妈妈摇摇头:"你们怎样才能发现我有什么感觉?"

"怎样?"艾莉森问。

"你们可以问别人有什么感觉。问我有什么感觉。"

"我想问!"亚历克斯喊道,希望抢在姐姐之前回答这个问题。"你有什么感觉?"他问。

"我觉得**开心**。你们感觉怎么样?"

"我觉得开心。"艾莉森说。

"我觉得累。"亚历克斯说。

"我是怎么知道你们有什么感觉的?"

"你问我们了。"亚历克斯和艾莉森一起回答道,而彼得看着他们吃吃地笑着。

"是的,我问了,因为这是知道他人感受的一个好方法。"

这个练习可以帮助孩子思考他人有什么样的感受。这项技能会让你的孩子无论是在家里、学校里,还是在其他任何地方,在解决问题时能有更多的选择。他们将学会如何判断他人对他们的行为和决定有什么样的感受。

在玩这些游戏的时候,玛丽开始思考自己通常是如何判断孩子们的感受的。她努力回忆自己有没有通过看到艾莉森在做什么从而发现她有什么感觉。她在想,自己隔多久才真正问过孩子有什么感觉?思考之后,玛丽发现,多数时候她只是通过听到他们笑或者哭或者尖叫来知道他们的感受。现在,玛丽意识到自己也可以通过"我能解决问题"技巧更多地了解孩子们的感受。

用同样的游戏方式,你可以把中心词选为生气,让孩子看下页的插图,用下面的问题来开始对话:

"这个男孩看上去**开心**吗?""你们是怎么知道的?"

"你们能用耳朵听到吗?""你们能用眼睛看到吗?"

"如果你们问他:'你感觉怎么样?'你们觉得他会说他很**生气**吗?"

"你们能用眼睛看出来吗?"

"你们觉得一个人**生气**时听起来是什么样子的?"

"这个男孩跟那个微笑的男孩（见第 34 页图）的感觉是**相同**的还是**不同**的?"

"你们觉得可能是什么事让这个男孩**生气**的?"

"什么事会让你们**生气**?"

以游戏的方式让孩子谈论使自己生气的事情,他们会感觉很放松,因为这种形式让他们觉得可以安全地谈论令人不愉快的情绪。

玛丽在帮助孩子们考虑他们自己及他人的感受的同时,她自己也开始思考她的感受,以及她的做法会如何影响别人——包括她的孩子。

在玩感觉字词游戏中,你也可以问自己一些问题:孩子说什么或做什么会让你感到开心?伤心?生气?现在反过来:你做什么或说什么可能会让孩子感到开心?伤心?生气?对这些简单问题的回答,会让你对自己在生活中考虑过多少他人的感受有一些顿悟。

一天放学后，艾莉森和妈妈以及她的朋友坦娅在学校的体育馆里等着足球比赛开始。在和亚历克斯与彼得玩过开心、伤心和生气的游戏之后，玛丽就暂时停止了与他们两个玩感觉字词游戏，因为沮丧和骄傲的情绪对于太小的孩子来说过于复杂和困难，孩子很难理解。但是，她想看看艾莉森和坦娅是否能进一步玩沮丧和骄傲的字词游戏。

"当你试图射门却没有射中时，你有没有感觉到**沮丧**?"玛丽问艾莉森。

"什么是**沮丧**?"

"**沮丧**是指当事情没有按照你想要的方式进行，或者当你想要什么东西却无法得到时，你可能会感到**沮丧**。比如，当你想要跟一个人说话而那个人很忙时，你会有什么感觉?"

"生气。"艾莉森说。

"生气，以及……我们的新词是什么?"玛丽问。

"**沮丧**。"

"很好。你呢，坦娅?你想要看电视，但是妈妈却说该睡觉了，那时你有什么感觉?"

坦娅避开了玛丽的目光，艾莉森大声说道:"**沮丧**。"

"你觉得**沮丧**吗，坦娅?"

坦娅点了点头，表示肯定。

"很好，坦娅。当你想做什么事情却做不到时，也会感到**沮丧**。比如，你可能想要溜冰，但是却不停地摔倒。或者如果你没法把鞋带系好，你可能会感到**沮丧**。你有没有遇到过类似的事情，艾莉森?"

"遇到过，比如看书，"艾莉森很快说道，"我一直想自己看书，但是却看不懂。"

"这是个很好的例子，"玛丽赞许道，"当你想要看故事书却没法弄懂所有的词时感觉到的情绪就是**沮丧**。你呢，坦娅，什么事会让你感到**沮丧**？"

当坦娅一脸茫然地盯着玛丽时，艾莉森插话道："比如你倒立时总是摔倒，那种感觉是**沮丧**吗？"

玛丽问道："坦娅，当你无法倒立时你感到**沮丧**吗？"

坦娅点点头。

"好的，"玛丽说，"我知道你现在能倒立了。当你最终学会了如何做时感觉到的情绪就叫做**骄傲**。昨天晚上，我做了一顿美味佳肴，我感到**骄傲**。我认识的一个女孩参加跑步比赛赢了，她感到**骄傲**。艾莉森，什么事让你感到**骄傲**？"

"我不知道。"

"喏，当你因为作文写得好被奖励一颗星时，你有什么感觉？那种感觉就是**骄傲**。"

"那当你没叫我做而我就把餐桌布置好时呢？"艾莉森问。

"是的，这是个好例子。当你那么做时可能会感到**骄傲**。你呢，坦娅，什么事让你感到**骄傲**？"

坦娅没有回答，玛丽示意艾莉森不要替她回答，然后玛丽问道："坦娅，艾莉森告诉我，你画了一幅你家的画，而且画得很好，老师把它挂在教室的墙上了。当老师这么做时，你感到**骄傲**吗？"

坦娅点了点头。

"很好。"玛丽说。她知道要多花点时间才能让坦娅对这些游戏有足够的信心，她才会开口说话。

"好了，姑娘们，你们在今天的比赛中全力以赴，让我为你们感到**骄傲**，好吗？"

"好的，妈妈。"艾莉森大笑道。

坦娅只是微微一笑。

要是你的孩子像坦娅一样羞怯的话，那就应该把他们要参与的"我能解决问题"游戏和对话弄得简单些。问他们一些可以只用一个词来回答的简单问题，或者只是摇头或点头。例如，"当你学会溜冰时，你是感到**骄傲**还是**生气**？"如果你不断地对孩子们的参与（即使是像坦娅那种参与）都给予赞扬，并且多给他们回应机会，你很快就会发现，"我能解决问题"游戏给孩子们提供了一个使他们能安心地说出自己的需要和感受所必需的思考过程。

当玛丽看着艾莉森和坦娅踢足球的时候，她开始更多地思考骄傲和沮丧感的问题。你也可以这么做，问自己这样的问题：

"孩子什么时候为我感到**骄傲**过？我怎样才能知道？"
"我上一次为孩子感到**骄傲**是什么时候？"
"我什么时候为了什么事情感到**沮丧**过？"
"孩子有没有因为我而感到**沮丧**过？"

随着你不断地把表示感觉的词汇教给孩子，你对这些问题的回答会让你对自己及孩子的观点更敏感。你会意识到，包括你在内的所有人可能不会在所有的时间内都以同样的方式看待事物。

## 讨论感受

只要稍作调整，孩子喜欢的很多活动都可以用来练习思考和讨论感觉。

### 讲故事

当你给孩子读故事书时，可以在某些地方停下来，让孩子猜一下书中某个人物的感受。问问孩子是怎么知道的。无论什么样的故事情节，都可以花点时间和孩子讨论书中每个人物的感受。

读故事时间也是就故事中的人物及其感受编故事的好时机。

鼓励孩子给故事增加细节，让孩子说一说故事中的人物为什么会伤心，他或她做什么会感到开心。讨论一下英雄反败为胜时会有什么感觉。问问孩子是否曾经有过故事中人物所感觉到的情绪。

## 画画

因为涂色是亚历克斯最喜欢的活动之一，所以，玛丽决定用画画的方式来强化亚历克斯对他人感受的思考。她让亚历克斯画一张开心的脸。玛丽自己也画了一张。然后，她让亚历克斯再画一张伤心的脸。

"你怎么知道一张脸是**开心**的，而另一张脸是**伤心**的?"玛丽问。

"因为一个在笑，另一个**不**笑。"亚历克斯推理道。

玛丽要进一步强化亚历克斯的观察能力，问道："你怎么知道她在笑?你可以用你的＿＿＿＿＿＿看（指向她自己的眼睛）。"

亚历克斯很快说道："眼睛!"

玛丽指着画，笑着问道："你能问她吗?"

亚历克斯哈哈大笑。"不能，笨啊，你不能问一张画的。"亚历克斯和妈妈继续玩画画的游戏，画开心的和伤心的动物、花儿、南瓜和布娃娃。

如果你选择这个画画的游戏，你或许还可以帮助孩子从涂色本中找出开心的、伤心的、生气的、骄傲的或沮丧的脸，然后给这些图上色。

## 玩偶游戏

玩偶游戏是强化"我能解决问题"概念的极好途径。（如果没有玩偶的话，你可以用布娃娃、毛绒动物玩具、画着脸的纸袋子，甚至袜子等作为替代物品。）编一些小故事说明开心和伤心的情形。当然，你也可以加入能够帮助他人感觉好起来的人物。不同的玩偶要用不同的声音来表现，一个简单的玩偶游戏可能听起来就像下面这样：

*玩偶狗：* 我想我要哭了。

*玩偶猫：* 为什么？出了什么事吗？

*玩偶狗：* 其他的狗狗都到外面玩儿去了，可他们没有叫上我一起去。

*玩偶猫：* （转向孩子）你觉得狗狗现在会有什么感觉？

在孩子回答之后，猫说："是的，**伤心**，还有什么事会让你感到**伤心**？"

现在就让你的孩子经常拿起这些玩偶朋友，来帮助他们表达感受，并编排出跟他们自己及他人的感受有关的故事吧。

## 感觉字词游戏

感觉字词游戏可以用来加强孩子对他人的感受的理解能力，甚至在你开车、洗碗筷或者照顾其他孩子时都可以运用。例如，当你们要坐下吃饭时，对孩子说：

"我要告诉你们三件让我**开心**的事情。仔细听，因为你们必须记住：一、吃冰激凌；二、戴首饰；三、看到你们笑。谁能记住我的这三件事？

"现在，我要加入第四件事。准备好了：一、吃冰激凌；二、戴首饰；三、看到你们笑；四、你们不大声尖叫。你们能记住我的这四件事吗？"

加入第五件、第六件，等等，直到孩子记不住为止。然后，让孩子列出自己感到开心的事情的清单，看你能不能记住。你可以用任何感觉字词来玩这个游戏。

思考影响他人感受的事情是很好玩儿的。让孩子考虑自己及别人的感受，会在今后帮助他们想到解决问题的更多方法，而这是那些只顾及自己的需要的孩子所想不到的。

## 看电视

看电视时间为讨论感觉提供了很多时机。不管孩子在看什么电视节目，你都可以用类似下面的对话来鼓励孩子运用已经学会的"我能解决问题"思考技巧。

"看，那个男孩在笑。""他有什么感觉？""你怎么知道他**开心**？""你能用眼睛看到他在大笑吗？""你能用耳朵听到他在笑吗？""你能问他吗？"

"为什么（*人物的名字*）会**生气**？发生了什么事情让他那样生气？"

"看，那个女孩在哭。她能做什么重新**开心**起来呢？"

## "我自己的"游戏

在与运用"我能解决问题"方法的家庭打交道的过程中，我发现，一旦孩子掌握了某种情绪的概念，他们常常会很快用这种概念编排出他们自己的游戏。这是个好迹象，表明孩子理解并喜欢这些游戏，同时也使"我能解决问题"有了适应于每一个家庭的灵活性。

亚历克斯自己发明了一个游戏，这让玛丽很高兴。当亚历克斯微笑、大笑、蹦蹦跳跳时，他告诉妈妈说，他在假扮电视上一个开心的演员。当玛丽问他是什么事让他感到这么开心时，亚历克斯很快认定是这个演员在过生日。然后，亚历克斯又假扮一个伤心的演员，玛丽又问他演员为什么伤心，"因为，"亚历克斯说，"他没有朋友跟他玩儿。"

这个特别的游戏——扮演很多开心和伤心的情绪——促使亚历克斯思考是什么事情让其他人感到开心或伤心。亚历克斯最喜欢玩这个游戏（可能是因为这个游戏是他自己发明的缘故），并将这个游戏用于其他情绪的体验上。要是你的孩子想出了与情绪有关的活动，你不要犹豫，跟他们一起玩游戏吧。

## 在遇到问题时运用"我能解决问题"

当亚历克斯在墙上画画时，检验这些活动是否有效的机会来了。在运用"我能解决问题"法之前，玛丽会说一些类似这样的话："亚历克斯，不要在墙上画画，因为这很脏，很难擦掉！我帮你找些其他东西来写，别再这么做了。明白吗？"亚历克斯会老老实实地回答："好的，妈妈。"一个星期之后，亚历克斯可能会再次在墙上涂抹。尽管玛丽尝试了她所知道的教育方法，例如向亚历克斯解释为什么他这样做是不对的，然后给出正确的选择；这实际上是玛丽在替亚历克斯思考，因此，她以前得到的孩子的回应与使用"我能解决问题"方法所得到的回应是很不一样的。现在，玛丽意识到亚历克斯并没有真正把那些责备甚至她的解释听进去，她开始尝试就像下面这样的"我能解决问题"对话法：

*妈妈*：当你做某件我**不**希望你做的事情时，你觉得我会有什么感觉？

*亚历克斯*：生气。

*妈妈*：你和我对此有**同样**的感觉**还是不同**的感觉？

*亚历克斯*：不同的感觉。

*妈妈*：你知道我为什么**不**想让你在墙上写字吗？

*亚历克斯：*因为很难擦掉。

*妈妈：*还有呢？

*亚历克斯：*很脏。

*妈妈：*你能想出一个既不会弄脏墙壁，而我又**不会感到生气**的**不同**的地方写吗？

*亚历克斯：*（过了一会儿）在纸上。

*妈妈：*好主意。


用亚历克斯以前在游戏中学过的不、相同、不同、和或者这些字词，妈妈帮助他思考了为什么她不想让他在墙上画画，以及他能在其他什么地方画。这样的对话能让亚历克斯更多地思考如何改变自己的行为，而不只是对妈妈的指令做出回应。

当天晚些时候，玛丽走进了艾莉森的房间，发现女儿的玩具、枕头和衣服扔得到处都是。玛丽有点恼火，几乎压抑不住自己的愤怒了，但还是按照"我能解决问题"法处理这种情形。

"艾莉森！"妈妈大声说道："看到你的房间是这个样子，你觉得我会有什么感觉？"

艾莉森意识到了这是"我能解决问题"对话，不好意思地咧嘴笑了笑，猜道："伤心？"

"不，我**不伤心**。你能想个办法来弄明白我的感觉吗？"

"我可以问你，对吗？"

"好的，"妈妈说，"你问吧。"

"你感觉怎样，妈妈？"

"我感到非常生气，也感到**沮丧**。你还记得**沮丧**是什么意思吗？"

"记得，就像我想赢得比赛，但却输了。"

"正是。那么，我多次说让你保持房间整洁，但你却没有这样做，你觉得我会有什么感觉？"

"**沮丧**。"艾莉森回答道。

可能你感到了沮丧，但你的孩子并不理解你的反应，因为他们不知道沮丧这个词的意思，或者根本就没有多想。

妈妈继续说："你可以想出一个不让我生气的**不同**的地方来放你的衣服吗?"

"可以，"艾莉森说，"我可以把衣服放在衣橱里，我也能找个**不同**的地方来放玩具。"

"好，你可以决定把衣服挂哪儿，把玩具放哪儿。这让我为你感到**骄傲**。"

"好的，妈妈。"

在这段对话中，艾莉森的妈妈帮助艾莉森思考她乱糟糟的房间是如何影响他人的。而且，妈妈没有让艾莉森选择是否整理房间，而是让她选择如何整理房间。

有些家长跟我说，他们担心"我能解决问题"法会导致他们无法控制或管教孩子。正如上面的例子所表明的，这无需担心。如果管教的惟一目的是要控制孩子的行为，或者通过告诉孩子如何做来教给孩子做事情，那么这种管教就只会让孩子感到无助，伤害孩子的自尊。但是，对于"我能解决问题"法来说，管教意味着帮助孩子思考合适的行为方式，意味着使孩子有一种对自己生活的控制感。从这个意义上来说，"我能解决问题"法就是管教。

这并不是说在运用"我能解决问题"法的时候，你永远不能对孩子生气。这会很不自然。生气本来就是孩子必须要学会处理的一个问题。如果鼓励孩子把生气当做一个社交问题来思考，他们就能学会处理——如果生气和情绪爆发不是家庭处理冲突时最常见的形式的话。艾莉森乱糟糟的房间让妈妈感到很生气，但妈妈没有失去对女儿的控制，或者丧失管教女儿的权利。

在为你和你的孩子制定"我能解决问题"方案的过程中，我认识到，不仅需要帮助你教会孩子如何思考，以及如何看待你的观点，还需要帮助你对孩子的观点变得更加敏感。这样，你就会发现管教呈现出了一种全新的、更积极的面貌。

## 小对话：遇到问题时

比较一下父母在学习"我能解决问题"概念之前和之后跟孩子说话的方式的不同。

### 当孩子打断你时

在学习"我能解决问题"之前，蒂姆的妈妈最典型的说法经常是："你真让我生气！你知道我打电话的时候没法跟你说话。别来烦我！"在学过"我能解决问题"字词后，这位妈妈现在这样说："我能**同**时跟你说话**和**跟朋友说话吗？"她可能还会补充一句："我打电话时你打断我，你觉得我会有什么感觉？"如果需要，她会接着说："当我不得不停下来跟你说话时，你觉得我的朋友会有什么感觉？"如果她提醒蒂姆："我知道你有事情想告诉我。当我跟朋友说完**之后**，我会听你说。现在你能想点**不同**的事情来做吗？这样我们两个都会很开心。"大多数时候，蒂姆会愿意等待。

"我能解决问题"字词的这种用法，能帮助孩子思考打断你是如何影响你和你朋友的情绪的。而且，比起你不理孩子或者赶走孩子，这种处理方式更能造成孩子完全不一样的心情。一位妈妈告诉我，她跟医生谈话时，她6岁的孩子打断了她，她转向儿子对他说："我能**同**时跟你说话**和**跟医生说话吗？"儿子脸上浮现出了骄傲的微笑，回答说："不能，我能想出**不同**的事情来做。"

### 当孩子不专心时

处理孩子不专心的一种方法是用生气的语调说："你知道你不听我说话时，我很受不了。当我跟你说话时，要看着我，专心听!"另外一种方法是说出你的感受："当你不听我说话时，我很**生气**。"尽管这不像第一种说法那么具有威胁性，因为你在告诉孩子你有什么样的感觉，但依然是你在替孩子思考。

采用"我能解决问题"方法的父母，让孩子思考父母会有什么样的感觉："如果在我跟你说话时你**不**用心听，你觉得我会有什么样的感觉？你能做点儿什么让我不会有那样的感觉呢？"

### 当孩子在不方便的时间提出要求时

4 岁的肖恩想要妈妈给他读故事。妈妈告诉他，她正忙着辅导姐姐做家庭作业，肖恩抱怨道："但是我想要你现在就给我读！"在学习"我能解决问题"方法之前，这位妈妈会对肖恩说："你必须学会等。你不能总是想做什么就做什么。如果你再这样的话，我就再也不给你读故事了。这对你姐姐来说不公平。"

在玩过所有和一些的字词游戏以及感觉词语游戏后，肖恩的妈妈现在会对儿子说："如果我把**所有**的时间都用来给你读故事了，**不**花**一些**时间来辅导你姐姐，她可能会有什么感觉呢？"肖恩辨认出了字词游戏中的词，微笑了起来。他明白了。

现在是谁在思考呢？

＊　　　　＊　　　　＊

当玛丽进展到这个程度时，她回想起了在开始使用"我能解决问题"方法之前，为了阻止亚历克斯欺负他的弟弟彼得，她每天都要和亚历克斯进行一场争斗。只要玛丽一不看见，亚历克斯就会做点什么事情把弟弟弄哭。一天，她走进房间，刚好看到亚历克斯正在抢彼得的泰迪熊。她的反应通常是这样的：

"发生什么事了？"玛丽喊道。

亚历克斯耸耸肩，一副"我不知道，也不关心"的表情。

"如果你不能和彼得好好玩儿，那就离他远点儿！他不喜欢你拿走他的玩具。"

亚历克斯一言不发地跑回自己的房间。玛丽只好摇摇头，想着如何才能让亚历克斯对弟弟更友善些。

"我能解决问题"字词和感觉词语游戏进行了大概两周后，玛丽再一次听到隔壁房间传来彼得的尖叫声，她跑进去，发现亚历克斯正在抢彼得的泰迪熊。这一次，她尝试了"我能解决问题"对话：

"当你像这样抢走彼得的泰迪熊时，你觉得他会有什么感觉？"

"生气。"亚历克斯回答说。

妈妈然后问："当你这么做时发生了什么事？"

"他尖叫了起来。"

"这让你有什么感觉？"妈妈继续问。

"伤心。"

"你能不能想个**不同**的做法，那样弟弟既不会生气，而你也不会因为他尖叫而**伤心**呢？"妈妈问道。

亚历克斯把泰迪熊还给了彼得。由于亚历克斯还感受不到真正的同情，因此，他还找不出更积极的方式跟彼得和谐相处。但是，玛丽现在开心地看到，亚历克斯在考虑了彼得可能会有的感觉之后，愿意解决和弟弟之间的争执。她知道这是解决问题的重要的第一步。

# 更多的字词练习

玛丽很快就养成了像下面这样问问题的习惯:

· "**所有**的孩子都想要薄煎饼,**还是**有一**些**想要麦片?"
· "我该在洗**之前**还是**之后**吃这个苹果?"
· "对这个问题,你和姐姐有**同样**的感觉,还是你有**不同**的
感觉?"

没用多久,玛丽就注意到,孩子们之间甚至也用上了这些字
词。当艾莉森跳进家里汽车的前排座位时,亚历克斯大声嚷道:
"你不能**所有**时间都坐在前面——只能坐一**些**时间。"

"他强调一些和所有这两个词的方式,"玛丽说,"让我知道
他特意用那些字词来使自己的观点更有说服力。尽管艾莉森还是
没换位置,但是他尝试的方式给我留下了深刻的印象。"

当艾莉森不接受亚历克斯的理由,不肯从前排座位上换过来
时,他又恢复了原来惯用的方式:打和哭闹。在这件事过后不
久,玛丽问我,为什么在用了"我能解决问题"字词几周后,亚
历克斯还是不能用更有效的方式来解决问题。我告诉她,不能指

望孩子现在就能做到。这些字词是孩子在真正解决问题之前所做的练习的一部分，是为了能将这些字词用于完整的"我能解决问题"的对话中。这个基础打得越扎实，孩子以后解决问题时真正运用起来就越容易、越有效。

在进入到实际解决问题阶段之前，还有几组字词概念要介绍给孩子：**合适的时间/不合适的时间，如果/那么，可能/或许，为什么/因为，公平/不公平**。这几组字词代表着思考技巧又上了一个台阶。它们有助于孩子接受他们无法改变的限制："现在让我给你读故事是**不合适的时间**。"就不会产生经常发生的与人际冲突有关的沮丧感，因为一个孩子可能会对另一个孩子说："**如果**去商店的路上你坐前排，**那么**回家的路上我就坐前排，行吗?"他们就能掌握解释自己的行为所需的字词："我不能跟你分享我的糖果，**因为**都吃完了。"而且，他们会掌握更多用于思考后果的重要字词："**如果**我抢了他的玩具，**那么**他**可能**会抢回去。""他打我，**因为**……"这些字词加上原来的之前和之后，能帮助孩子思考："我打了他**之后**他打了我。"

当把这几组字词介绍给艾莉森、亚历克斯和坦娅之后，你会发现，"我能解决问题"字词和第 2 章及第 3 章中的情感字词练习，依然是"我能解决问题"对话的重要组成部分。这些概念形成了一套能够在以后帮助孩子认识和预见到人际冲突后果的有效技巧。这一章中的小对话中包括一些新的字词概念，并且把前面提到的所有"我能解决问题"的字词结合起来使用。

## 家长团队

坦娅每天离开艾莉森家之后，都会跑回自己家告诉妈妈艾莉森和玛丽玩的字词游戏。"坦娅很羞怯，"她的妈妈凯伦娜说，"因此，听到她说她在艾莉森的妈妈面前玩的游戏和回答的问题后，我感到很惊讶。"在听坦娅讲了几个星期在艾莉森家玩儿的游戏后，凯伦娜给玛丽打了电话，想更多地了解坦娅所说的"我能解决问题"游戏。

玛丽邀请凯伦娜到自己家来，把我在"我能解决问题"研讨班上分发的材料拿给凯伦娜看。在玛丽解释了这个方法对羞怯孩子的极大好处之后，凯伦娜马上复印了这些材料，开始在自己的家里用于坦娅。这样，一个"我能解决问题"的家长团队就形成了。

尽管这种方法在独自的家里对一个孩子也非常成功，但作为一个团队来进行有一些值得考虑的优势，也许你可以考虑一下。作为一个家长团队，玛丽和凯伦娜以及她们的丈夫形成了自己的一个互助小组；他们一起分享成功的快乐，汲取失败的教训；讨论他们的问题、担忧和取得的成效，彼此鼓励着继续进行下去。孩子们（特别是那些独生子女）也可以从家长团队中获益。他们有更多的机会得以和熟悉这些概念、能做出积极响应的小朋友一起练习这些新技巧。

## 合适的时间/不合适的时间

**合适的时间/不合适的时间**这一对词，能够帮助孩子了解到，时机是成功地解决问题所需要的一个重要因素。凯伦娜借助于两个玩偶——奥利和提皮——将这个概念运用到了和坦娅玩儿的游戏中。

性格内向或羞怯的孩子特别喜欢玩偶，因为孩子能通过玩偶说出自己因太拘谨而说不出来的话。玩偶对于把这些概念教给所有孩子也是很有用的，因为玩偶游戏能向孩子们表明如何将这些字词用于需要解决问题的情形。

你也可以用毛绒动物玩具、布娃娃甚至两只不同颜色的袜子来代替玩偶。你可以用下面的对话作为脚本，这是凯伦娜和坦娅

**玩合适的时间/不合适的时间**用的台词，你也可以即兴发挥。不管怎么做，目的都是向孩子演示两个"人"正在学习何时提出要求才能避免冲突和沮丧感。

　　凯伦娜用玩偶奥利和提皮（使用两种不同的声音）编排的情形如下：

　　*奥利：*（对坦娅）嗨，坦娅，你今天过得怎么样？我看到——

　　*提皮：*（打断了奥利）嗨，奥利，想和我一起玩儿吗？

　　*奥利：*提皮，我能**同**时跟你说话**和**跟坦娅说话吗？

　　*提皮：*不能。

　　*奥利：*当你打断我的时候，你觉得我有什么感觉？

　　*提皮：***生气**。

　　*奥利：*现在跟我说话是**合适的时间**还是**不合适的时间？**

　　*提皮：***不合适的时间**。

　　*奥利：*当我正跟朋友说话时，不得不停下来跟你说话，你觉得我的朋友会有什么感觉？

　　*提皮：***生气和沮丧**。

　　*奥利：*我知道你有话想对我说。你可以在我跟朋友说完话**之后**告诉我。现在先等会儿。

　　*奥利：*（对坦娅）马上就要吃午饭了。我喜欢吃汉堡包**和**法式炸薯条。你喜欢吃什么？

　　*坦娅：*我喜欢吃奶酪三明治。

　　*奥利：*噢，我也喜欢。你还喜欢吃什么？

　　*坦娅：*我喜欢吃金枪鱼罐头。

　　*奥利：*真的，**有些**时候我也喜欢，但**不是所有**时候都喜欢。

　　*奥利：*（转向提皮）好了，提皮，我很为你感到**骄傲**。你等我的时候很有耐心。现在我可以听你想跟我说什么了。

提皮： **现在**你愿意跟我一起玩儿吗？

奥利： 是的，我愿意。这是跟我说话的**合适的时间**吗？

提皮： 是的。

奥利： 在我跟朋友还没结束谈话**之前**叫我玩儿是**合适的时间**吗？

提皮： 不是，应该在你和朋友结束谈话**之后**。

奥利： 很好。**现在**我**不**跟朋友说话了，你当然就可以问我问题了。

当凯伦娜做完这一幕玩偶游戏时，她问坦娅："奥利不能**同时**跟你和提皮说话，对吗？有时候，我们不得不等到**合适的时间**去做我们想做的事情。"

"我们再玩儿一次，求你了。"坦娅恳求着。

"好的，坦娅，"妈妈说，"我们假设奥利想要看书，而提皮想要奥利和她一起玩儿。"

奥利： （表现出专心看书的样子）

提皮： 奥利，愿意和我一起玩儿吗？

奥利： 不行，提皮，我**现在**正忙着呢。

提皮： （低下头，伤心地走开了）

奥利： （继续看书，然后停下来合上书）好了，我看完了。

提皮： 嗨，奥利，你**现在**能和我一起玩儿吗？

奥利： 好的，我**现在不**忙。

在奥利和提皮这段小对话结束之后，妈妈问女儿："提皮挑了个较合适的时间让奥利讲故事，这个时间是在奥利看完书**之前**还是**之后**？"

"**之后**。"坦娅回答。

"回答得很好。你记不记得自己正忙着而有人让你做别的事的时候?"

"记得!"坦娅说,"艾莉森想要骑自行车,但当时我正在描一幅画。"

"那么,发生了什么事情?"

"艾莉森**生气**地回家了。"

"她叫你骑自行车是在**合适的时间**还是在**不合适的时间**?"

"**不合适的时间!**"坦娅回答道,有些激动,"妈妈,现在可以让我来扮奥利,你扮提皮吗?"

这就是坦娅和她妈妈在自己家里开始运用"我能解决问题"字词的情况。坦娅在和艾莉森妈妈玩儿的游戏中学会了之前的所有字词,现在,她很高兴能和自己的妈妈一起玩这个游戏。

## 小对话:遇到问题时

我敢打赌,你肯定能想起自己正忙着而你的孩子让你做别的事的时候。在你用玩偶玩过**合适的时间/不合适的时间**的游戏之后,你就很容易把这些词运用于日常对话了。

### 当孩子打断你的时候

"我能同时跟你说话**和**跟朋友说话吗?"

"如果在我跟别人说话的时候你要跟我说话,你认为我会有什么感觉? (如果需要的话,用下面这两个字词:**开心**还是**沮丧**?)"

"我在跟别人说话时,想跟我说话是**合适的时间**还是**不合适的时间**?"

"什么时候是合适的时间?"

"在我能和你说话之前,你能想件**不同**的事情去做吗?"

**当孩子想在不合适的时间玩儿时**

"你想**现在**骑自行车，但是我们要吃晚饭了。"

"你能**同**时骑自行车**和**吃晚饭吗？"

"现在骑自行车是**合适的时间**还是**不合适的时间**？"

"什么时候**是**合适的时间？"

"你**现在**能想点**不同**的事情去做吗？"

**当孩子想要得到你的关注而你却很忙时**

"我**现在**不能跟你说话，我正在帮杰弗里做作业。"

"我能**同**时跟你说话**和**帮杰弗里做作业吗？"

"现在跟我说话是**合适的时间**还是**不合适的时间？**"

"什么时候**是**合适的时间？"

"你**现在**能想点**不同**的事情去做吗？"

接下来的周六的早晨，坦娅起床，穿好衣服，九点钟跑出了家门，手里拿着玩偶，她要让艾莉森和亚历克斯看看她的新游戏。

"坦娅非常兴奋，"艾莉森的妈妈回忆说，"我已经跟艾莉森和亚历克斯练习过**合适的时间/不合适的时间**这对词，讨论过我们曾经遇到过的时间不合适的情况。所以，我的孩子很熟悉这对词及其用法。不过，坦娅想用玩偶表演，对于温习这对词倒是一个很好的方法。这可能是我第一次看到坦娅和我的孩子在一起时担任带头人。"

"我能解决问题"法已经帮助坦娅学会了大胆地表达自己。

## 如果/那么

每个字词游戏都在帮助你的孩子达到"我能解决问题"方法

的最终目标：有效地解决他们自己的人际问题。**如果/那么**这组词是对行为的后果进行思考的第一步，这是成功地解决人际问题所必需的。

## 日常应用：没有问题的情形

你可以在跟孩子的日常会话中练习这个概念。下面有几个例子，如果你有其他例子也可以加进去。你可以通过让孩子完成下面的填空，来增强游戏的互动性。

### 用餐时

"**如果**我们在喝果汁，**那么**我们就**不**是在喝＿＿＿＿＿＿＿。"

"**如果**这是汉堡包，**那么**它就**不**是＿＿＿＿＿＿。"

"**如果**我们坐在这张餐桌旁，**那么**我们就**不**会坐在＿＿＿＿＿＿＿。"

### 玩耍时间

"**如果**杰米是在画画，**那么**他就**不**在＿＿＿＿＿＿。"

"**如果**卡尔是在搭积木，**那么**她就**不**在＿＿＿＿＿＿。"

### 当天或当前发生的事情

"**如果**今天是星期二，**那么**就**不**是＿＿＿＿＿＿。"

"**如果**现在是九月份，**那么**就**不**是＿＿＿＿＿＿。"

"**如果**今天外面是在下雨，**那么**我们就**不**能玩＿＿＿＿＿＿。"

### 讲故事时间

"**如果**故事里的孩子去了马戏团，**那么**他就**没有**去＿＿＿＿＿＿

_____。"

"**如果**灰姑娘午夜时**没有**回家，**那么**她就_____。"

**在户外**

"**如果**这块石头很重，我把它丢进池塘里，**那么**它会（沉）到水底。"

"**如果**这株植物得**不**到浇灌，**那么**它会怎么样呢?"

## 可能/或许

可能/或许与如果/那么合用，就会使孩子对行为后果的思考有更好的理解。通过将这些词结合起来，孩子们就能开始自己思考："**如果**我选择这个办法，**那么**我**可能**得**不**到我想要的东西，那会让我**生气**。"或者"**如果**我这么做，**那么**我的朋友**可能会不开心**。"

除了能学会辨认并发现他人的感受之外，孩子们还可以用这些词来思考自己的行为对别人的感受的影响。考虑其他人的喜好是这么做的第一步，但是，小孩子常常会想当然地以为别人也会跟他们一样喜欢上同一种东西——这种想当然常常导致孩子得出错误的结论，从而无法解决问题。可能和或许这一对字词可以用来帮助孩子发现其他人的喜好。在日后解决问题时，孩子会明白，例如，用一个布娃娃和其他小朋友来交换铲子可能会不成功，因为尽管他们自己可能喜欢布娃娃，但其他孩子未必就喜欢。

＊　　　　＊　　　　＊

当孩子做完玩偶游戏后，玛丽把他们叫进了厨房。（2 岁的彼得还太小，跟不上字词游戏了，但他仍然喜欢跟着一起听。很多时候，他会跟着大孩子重复这些字词和短语，他在用自己的方式为成为一个"我能解决问题"的孩子做着准备。）他们全都围着桌子坐好后，玛丽给他们每个人都倒了一杯果汁，并介绍了下一组"我能解决问题"字词：**可能/或许**。

玛丽用坦娅的玩偶奥利开始了下面的对话：

*妈妈*：好了，孩子们，让我们弄清楚奥利喜欢吃什么。艾莉森，你认为呢？

*艾莉森*：他喜欢吃苹果。

*妈妈*：他**或许**喜欢吃苹果，但**或许**他**不**喜欢。我们必须搞清楚。询问是找到正确答案的一个途径。好了，亚历克斯，问问他。

*亚历克斯*：奥利，你喜欢吃苹果吗？

*奥利*：不喜欢。

*妈妈*：看，你问他，他说不喜欢。亚历克斯，你觉得奥利喜欢吃什么？

*亚历克斯*：糖果。

*妈妈*：**或许**他喜欢吃糖果，但**或许**他**不**喜欢。你怎么才能知道呢？

*亚历克斯*：问他。

*妈妈*：那就问他吧。

*亚历克斯*：（对奥利）你喜欢吃糖果吗？

*奥利*：喜欢。

*妈妈*：很棒，亚历克斯。你问了他，你搞清楚了。

*彼得*：我也喜欢！

*妈妈*：噢，彼得喜欢吃糖果，亚历克斯喜欢吃糖果。那么，彼得和亚历克斯喜欢吃**同样**的东西**还是不同**的东西？

*孩子们*：（全都激动地大喊）**同样**的东西！

*艾莉森*：我也喜欢吃糖果。

*妈妈*：噢，你们**所有**人都喜欢吃糖果，**还是**你们中的一**些**人喜欢吃糖果？

*孩子们：*（异口同声地）我们所有的人都喜欢。

*妈妈：* 如果你们给奥利一些糖果，他会喜欢吗？

*孩子们：*（齐声喊）会！

*妈妈：* 他**可能**喜欢，但也**可能不**喜欢。你们怎么才能知道呢？

*亚历克斯：* 问他。

*妈妈：* 那就问吧。

*艾莉森：* 奥利，你喜欢吃糖果吗？

*奥利：* 不喜欢！

*亚历克斯：*（对奥利说）你喜欢吃香蕉吗？

*奥利：* 不喜欢！

*亚历克斯：* 你喜欢吃汉堡包吗？

*奥利：* 不喜欢！

*亚历克斯：* 你喜欢吃薯片吗？

*奥利：* 喜欢！

*妈妈：* 亚历克斯，你喜欢吃薯片吗？

*亚历克斯：* 不喜欢。

*妈妈：* 奥利喜欢吃薯片，亚历克斯喜欢吃糖果。那么，奥利和亚历克斯喜欢吃**同样**的东西**还是不同**的东西？

*孩子们：* **不同**的东西。

*妈妈：* **不同**的人可以喜欢吃**不同**的东西吗？

*孩子们：*（齐声喊）可以！

*妈妈：* 是的，**不同**的人喜欢吃**不同**的东西**是**可以的。

玛丽想用这个玩偶游戏帮助孩子思考不同的人可以喜欢不同的东西。就像在做"我能解决问题"游戏时经常会出现的情景那样，为了让游戏更好玩儿、显得更真实，亚历克斯和艾莉森两个人都自发地增加了游戏的内容。"你喜欢吗？"这个句子让亚历克斯激动得忘乎所以，一遍遍地问。妈妈让他反复问奥利这个问题，因为她知道，当孩子们找到了他们自己喜欢的方式来强化这些概念时，"我能解决问题"法才能取得最好的效果。艾莉森也想到了一个好玩儿的念头，当她蹦蹦跳跳地从厨房的餐桌旁离开时，嘴里哼唱着："不同的人喜欢吃不同的东西。不同的人喜欢吃不同的东西。"这就是"我能解决问题"方法在实际生活中起作用了。

＊　　　　＊　　　　＊

现在你是否明白了"可能"和"或许"这两个词是如何帮助孩子思考他人的喜好、考虑他人感受的？这两个词有助于他们思考："**如果我打了米奇，那么他可能**会生气。"或者"**如果我给妈妈一个拥抱，那么或许**她会很开心。""可能"和"或许"还有助于提醒孩子，他们并不能总是知道人们有什么感受——有时候必须要问。随着孩子不断练习思考"可能"和"或许"，他们对原来活动中对别人感受的理解会得到巩固。他们会明白，如果一个办法不能让一个人开心的话，还可以尝试不同的方法。

一天放学后，艾莉森和亚历克斯正在争吵。艾莉森在玩自己的布娃娃，亚历克斯抢了一个便跑开了。玛丽想到这是个好机会，可以用小对话帮助他们思考如何解决这个问题。"到我身边来，"玛丽走进房间说道，"我们用两个新词'**可能**'和'**或许**'来帮助你们解决这个问题。"

亚历克斯和艾莉森安静了下来，坐到了妈妈身边。在玛丽看来，这已经表明他们在行为上有了进步。因为他们已经把"我能解决问题"与有趣的活动联系了起来，他们愿意停止争吵，听听妈妈说什么。玛丽并没有打算解决两个孩子之间的问题，她只是想让他们在解决这一问题时思考对方的感受。她是这样开始的：

**妈妈：**你们两个**开心**时看起来是什么样子？（亚历克斯和艾莉森都露出了微笑。）

*妈妈：* 你们能给我做一个**伤心**的表情吗？（亚历克斯和艾莉森做出了非常伤心的表情，当他们看到对方假装伤心时都咯咯地笑了。）

*妈妈：* 艾莉森，你**生气**时是什么样子？（艾莉森做出生气的表情。）

*妈妈：* 亚历克斯，你**生气**时是什么样子？（亚历克斯做出生气的表情。）

*妈妈：* 艾莉森，你喜欢玩布娃娃吗？

*艾莉森：* 喜欢。

*妈妈：* **如果**有人给你一个布娃娃，你会有什么感觉？

*艾莉森：* 开心。

*妈妈：* 好了，现在让我们假设艾莉森有一个布娃娃，有人突然把它抢走了。亚历克斯，这会让艾莉森有什么感觉呢？

*亚历克斯：* **生气**。

*妈妈：* **或许**这会让艾莉森**生气**，**或许**会让她感到**伤心**。我说**或许**，因为**或许**表示我们不确定。为了知道艾莉森会有什么感觉，我们问她：艾莉森，如果有人抢走了你的布娃娃，你会有什么感觉？

*艾莉森：* **生气**。

*妈妈：* 亚历克斯，**如果**那人把布娃娃还给了艾莉森，你觉得艾莉森会有什么感觉？

*亚历克斯：* **开心？**

*妈妈：* 我不知道，让我们来问问她。艾莉森，如果那人把布娃娃还给了你，你会感到**开心**吗？

*艾莉森：* 会的。

*妈妈：* 我想，能让其他人感到**开心**、**伤心或者生气**，是一件非常有趣的事情。

这段小对话并没有解决亚历克斯抢姐姐东西的问题，但是却把两个"我能解决问题"字词引入了孩子们的现实生活中，这有助于他们思考自己的言行与他人感受之间的关系。

## 为什么/因为

"为什么"和"因为"这两个词，能帮助孩子理解行为和后果之间的联系。"他打我，**因为**我抢了他的玩具。"还能帮助孩子理解如何避免出现问题："我跌倒了，**因为**我跑得太快了。"

一天，坦娅的妈妈凯伦娜在照看艾莉森、亚历克斯和彼得，因为他们的妈妈玛丽去商店买吃的去了。孩子们在一起高兴地玩了大约一个小时后，凯伦娜注意到，他们似乎有点不耐烦了。她想，这是玩玩偶游戏的好时机。

"坦娅，"她喊道，"把你的玩偶拿来，我们一边等艾莉森的妈妈回来，一边玩游戏。"

很快，所有的孩子都来到了客厅。"让我先来。"艾莉森请求道。

"不，我先来！"亚历克斯要求道。

"能轮到我吗？"坦娅问。

"等等，静一下。"坦娅的妈妈一边说，一边冲着彼得大笑，彼得趁乱抢走了玩偶，并自己玩了起来。"我要让奥利教你们一些新词。我讲一个故事，然后你们每个人轮流来，好吗？现在大家请坐好。彼得，把玩偶给我，我要开始用为什么和因为玩玩偶游戏。"

> 奥利：嗨，我是奥利。
> 今天我来和你们玩一个游戏。
> 我要玩**为什么/因为**游戏。
> 让我告诉你们怎么玩儿。
> 首先，我要和妈妈玩儿。（凯伦娜把玩偶转向自己。）妈

妈，我累了。

家长：**为什么?**

奥利：**因为**我忘了睡午觉。

奥利：（对孩子们说）现在我要和你们玩游戏了。当我说一件事时，你们大声问：**为什么?** 我们来试试。我觉得很饿。现在你们问我：**为什么?**

孩子们：**为什么?**

奥利：非常好。现在，记住，每次我说一件事时，你们要问**为什么**。

我饿了。

孩子们：**为什么?**

奥利：因为我没吃午饭。

奥利：我想去学校。

孩子们：**为什么?**

奥利：**因为**那里的孩子是我的朋友。

奥利：今天我不能唱歌。

孩子们：**为什么?**

奥利：**因为**我的喉咙痛。

奥利：你们做得非常好！现在我们把游戏变一下。我要问你们**为什么**，你们说出原因。现在听好了。（奥利转向坦娅的妈妈。）我要去商店。我打算走着去商店，我**不**打算开车或乘坐公交车。你们能猜到我**为什么**要走路去吗?

家长：**因为**外面天气不错。

奥利：**或许**吧。你能想出一个**不同**的原因吗?

家长：**因为**你的朋友走路去商店，你想和你的朋友一起走。

奥利：看，有不止一种原因。现在，让我们一起玩儿。

奥利：（转向孩子们）约翰尼今天没来我家和我一起玩儿。**为什么**约翰尼今天没来我家和我一起玩儿呢? 坦娅，你知道原因吗?

*坦娅：*（摇头表示不知道）

*亚历克斯：*（大声喊道）**因为**他病了！

*奥利：* **或许**他病了。艾莉森，你能想出别的原因吗？

*艾莉森：* **因为**他的妈妈不让他来？

*奥利：* **或许**吧。你呢，坦娅，你能想出一个约翰尼**为什么没**来我家的理由吗？

*坦娅：* **因为**他不喜欢你。

这个回答让所有的孩子都笑得东倒西歪。正在这时，艾莉森的妈妈走了进来，她说："现在肯定是'我能解决问题'时间。"

你可以有很多种方式来玩为什么和因为字词游戏。除了上面介绍的玩偶游戏外，下页两个孩子和一台收音机的插图可以进一步帮助孩子理解两个人对同一事物可以有完全不同的感受，并且是有原因的。

把这张插图拿给孩子看，问孩子们下面这样一些问题：

"这个小男孩（指向男孩）**和**小女孩（指向女孩）对听这首歌有**同样**的感受**还是****不同**的感受？"

"**为什么**小女孩对听这首歌可能会感到**开心**？"

"还有其他原因吗？另一种原因？"

"小男孩对听这首歌有什么感受？"

"**为什么**他会有这样的感受？"

"这是**因为**（一种原因）。还有其他原因吗？另一种**因为**？"

"**不同**的人对同一事情有**不同**的感受可以吗？可以，**是**完全可以的。"

"女孩怎么知道男孩对这首歌有什么感受呢？"

"是的，她可以转过身用眼睛看。**或者**她还可以问。"

## 日常应用：没有问题的情形

你可以在一天中的任何时候练习为什么和因为这一组字词游戏。

### 当你开车送孩子去上学时

"我特别喜欢在星期一开车送孩子去上学。你能猜出我**为什么**喜欢在星期一吗？"然后让孩子尽可能多地想出"**因为**"。

### 包装生日礼物时

"这是送给你朋友的最佳礼物。你能猜猜**为什么**我觉得这个礼物最好吗？"

### 做饭时

"胡萝卜对你有好处。你能猜猜**为什么**胡萝卜对你有好处吗？"

**当孩子上车时**

"系安全带很重要。你知道**为什么**吗?"

## 公平/不公平

**公平/不公平**是实际解决问题之前这个阶段的最后一组字词。这组字词能帮助孩子在做出决定时尊重他人和自己的权利。经过考虑之后,玛丽觉得在真正涉及**公平/不公平**的情形中玩这个字词游戏会更好。她对丈夫讲了她的想法,鼓励丈夫把这组字词介绍给孩子们。

那天晚上,孩子们跑进厨房找宵夜吃。"今晚,"妈妈说,"爸爸会用你们的宵夜来教你们一个新词。这个新词是公平。"

亚历克斯惊讶地对爸爸说道: "我都忘了你知道字词游戏了!"

"我当然知道,"爸爸说,"过来听我说。"

*爸爸:*(给每个孩子分了一块饼干)我总共有三块燕麦饼干。我只够一人给一块——艾莉森一块,亚历克斯一块,彼得一块。每个人一块饼干**公平**吗?是的,你们每个人有数量**相同**的饼干,**是**公平的。

(拿走波得的饼干给了艾莉森)**如果**艾莉森想要两块饼干,而我给了她两块,**那么**亚历克斯就只有一块,而彼得连一块都没有了。

这**公平**吗?

不,这**不公平**。

艾莉森,如果我让你吃了这两块饼干,你觉得亚历克斯和彼得**可能**会有什么感觉?

*艾莉森:* **生气**。

*爸爸：* 是的，他们**可能**会**生气**。

亚历克斯，你能用我们刚学的新词告诉我，**为什么你可能会**觉得**生气**吗？

*亚历克斯：* 因为这**不公平**。

*爸爸：* 说得好！所以给你们——每个人一块饼干。现在，**公平**了。

这场对话只用了一分钟，但已经把公平和不公平教给了孩子们，并让爸爸更多地参与了进来；同时也强化了艾莉森和亚历克斯对"公平"一词的理解。

坦娅的妈妈也用坦娅生活中的亲身经历给女儿介绍了"公平"的涵义。坦娅在放学回家后抱怨说，在室内课间休息时，班上的一个男孩不让她玩泥巴。

*妈妈：* 我们来谈谈公平这个词吧。**如果**一件东西属于学校，一个孩子占有了**所有**的时间——这就意味着其他孩子得**不**到玩儿的机会——这是**不公平**的。

你能告诉我什么是**公平**的吗？

*坦娅：* 轮流玩儿。

*妈妈：* 好。现在我们来说说泥巴。肖恩占用了**所有**的泥巴**还是一些**泥巴？

*坦娅：* **所有**的泥巴。

*妈妈：* 你能想出怎样做才算是**公平**的吗？

*坦娅：* 我想要泥巴。

*妈妈：* 你们每个人都有一**些**泥巴是**公平**的，还是你们中的一个人拿走**所有**的泥巴是**公平**的？

*坦娅：* 每个人都有一**些**。

*妈妈：* 下次肖恩不和你们分享泥巴的时候，你可以对他说些什么？

*坦娅：* 你拿一些，给我一些。这样才**公平**。

当然，坦娅是否有足够的自信对肖恩说这些话并不是这里的问题。坦娅已经熟悉了"公平"这个词，现在又有了一个新的方法可以用来帮助她在发生冲突时思考"公平"的涵义，以及如何心平气和地使用这个词。当她一切都准备好之后，她就会多一个能帮助她解决问题的概念。

＊　　　　＊　　　　＊

运用"公平"这个词的机会在你身边随处可见。一旦你把这个词作为"我能解决问题"的一个概念介绍给孩子，就要尽量在日常对话中巩固这个概念，不管是在遇到问题时还是没有遇到问题时。

## 日常应用：当没有遇到问题时

### 一天中的事情
"你今天做了什么**不公平**的事情吗？"
"你该怎样做才是**公平**的呢？"
"今天有人对你做什么**不公平**的事情了吗？"
"这个人该怎样做才**公平**呢？"

### 讲故事时间
"这个故事里发生了什么**公平或不公平**的事情呢？"
"你**为什么**那样想？"
（如果**不公平**）："那么该怎样才**公平**呢？"

## 小对话：当遇到问题时

### 当孩子想要得到你全部的关注时

"我将**所有**的注意力都放在你身上，而对你的妹妹一点儿也**不**关注，这样做**公平**吗？"

"当吉姆想要跟我说话，而你不断嚷嚷打断我们时，你觉得吉姆会有什么感觉？"

### 当孩子不肯轮流或者分享时

"你占用了**所有**的时间，而你的朋友怎么也轮**不**到，这样**公平**吗？"

"如果你**不**让你的朋友玩儿，你觉得他**可能**会有什么感觉？"

"你**之前**已经玩过了。可是珍妮特还**没**玩过。要是**现在**你还玩儿，这**公平**吗？你**现在**能想点**不同**的事情去做吗？"

"你弟弟玩完了吗？你在他还没玩完**之前**就拿走，这样**公平**吗？"

"在他玩完**之前**还是**之后**轮到你玩儿才算**公平**呢？"

随着孩子们在日常对话和活动中对这些词语概念理解的深入，他们已经为解决问题做好了准备。

现在，你可以将下面几组"我能解决问题"字词添加到你的清单中：

合适的时间/不合适的时间

如果/那么

可能/或许

为什么/因为

公平/不公平

# 第 5 章

# 寻找多种解决办法

到了这个时候，你或许在日常生活中跟孩子说话时已经能很轻松自如地使用"我能解决问题"字词了。你的孩子也很可能已经非常熟悉"我能解决问题"概念了，以至于在与别的孩子出现问题时，他们的看法会与以前有一些不同，并且会更经常地考虑自己的情绪对所出现的问题的影响。事实上，在很多家庭里，"我能解决问题"方法在这时已经非常有效了，以至于家长有时候觉得很满意，想就此停下来。他们能够看到自己的孩子已经改变了思考问题的方式，觉得现在全家人对"我能解决问题"方法都已经有了足够的了解，无需再增加活动、游戏或者练习了。

尽管我总是很高兴看到家长对孩子取得的进步的成就感，但我必须要提醒他们，此时还不是停止学习"我能解决问题"方法的时候。到目前为止所练习的技巧都只是为思考如何解决问题打下了基础。这就是迄今为止我们一直把会话称为小对话的原因。这些会话是不完整的。"我能解决问题"方法最重要的部分——孩子真正学会解决自己的问题——还没有涉及到。这包括找到多种解决办法和考虑后果。

在第 2 章中，当艾莉森和亚历克斯争吵着谁先玩玩具时，你可能还记得我们强调的重点是为解决问题做准备的"我能解决问题"的字词概念。玛丽当时用平和的语调问："发生了什么事？"当两个孩子都说"我先拿到"的时候，玛丽没有想去弄清楚究竟是谁先拿到的，因为她永远不可能真正搞清楚。她只是用了另一个"我能解决问题"的概念，承认抢是拿回玩具的一种方法，然后问："你抢了**之后**发生了什么？"当艾莉森回答说他们开始吵架后，玛丽问他们谁能想出一个无需吵架的做法。

即使在运用"我能解决问题"字词概念的最初阶段，孩子们也能提出解决他们的问题的方法。但是，那只是开始，因为最初的解决办法可能并不总是适合的或奏效的。

还有一次，一个类似的问题产生了，像往常一样，屋里回荡着亚历克斯和艾莉森的叫喊声："我先拿到的。"这一次，玛丽用了一种新的方式来使用"我能解决问题"字词概念。

*妈妈：* 出什么事了？问题是什么？

*亚历克斯：* 我先拿到的。

*艾莉森：* 我先拿到的。

*妈妈：* 你们两个对事情的看法是**相同**的还是**不同**的？

*亚历克斯：* **不同**。

*妈妈：* 你们有一个人在另一个人**之前**拿到了玩具。你们有一个人在**所有**的时间都占着玩具，这样**公平**吗？

（妈妈在小对话中加入了对感觉的引导。）

*艾莉森：* 不公平。

*妈妈：* 亚历克斯，如果**所有**的时间都是你拿着玩具，艾莉森**可能**会有什么感觉？

*亚历克斯：* 生气。

*妈妈：* 艾莉森，如果**所有**的时间都是你拿着玩具，亚历克斯

**可能**会有什么感觉?

　　*艾莉森*:　**生气**。

　　*妈妈*:　我们还有个问题。你们两个能想个**不同**的做法,使你们两个都不**生气**吗?

　　孩子对他人感受的理解是这个对话的重要内容。意识到自己的行为可能会让对方生气,比起无视对方的感受来说,的确是前进了一大步。但是,这还不够。如果孩子不知道如何处理愤怒的情绪,他们甚至可能会变得更加生气,做出攻击性行为,或者可能会被另一个人的怒气吓住。这就是为什么下一步把重点放在思考多种解决办法之所以如此重要的原因。尽管亚历克斯和艾莉森已经想到了解决这个问题的办法,已经能够感受到各自的情绪,但是,让孩子学会思考"**如果**我的第一种办法不管用,**那么**我可以试试**不同**的办法"也很重要。

　　玛丽和她的家人已经准备好了从解决问题前的准备阶段过渡到解决问题的实质性阶段。尽管他们有时还会使用前几章中的游戏和活动来重温和练习相关概念,但他们现在会把这种对话应用于日常人际交往中,当遇到问题时,要找到多种解决办法。

## 寻找多种解决办法的过程

　　这一章中的活动,将帮助你的孩子明白,解决一个问题不止有一种办法。他们尤其会受到鼓励,对每天遇到的人际问题尽可能多地想出不同的解决办法来,这会帮助他们形成一个思考过程:"不止有一种办法;我不一定非得要用我想到的第一种办法,或者这么快就放弃。"

　　最好是以一个假设的孩子和环境来开始这个过程,因为以这种方式提出的想法对孩子不会有什么威胁。可以用玩偶、图画以及角色扮演，寻找多种解决办法的一般过程如下：

1. 家长提出问题或者让孩子提出问题。

2. 告诉孩子，要想出很多不同的办法来解决这个问题。

3. 把想出的主意都写下来。（即使你的孩子还不认字，他们也喜欢看着你把他们说的话写下来。）

4. 问孩子第一个解决办法。如果这个办法与问题相关，就重复一遍，并肯定这是解决问题的一种方法。要提醒孩子，目标是想出很多不同的方法来解决这个问题。

5. 问孩子另一个解决办法，依此类推。

6. 如果很快就想不出解决办法了，要继续深入探究，问孩子："你说什么能解决这个问题?" 或者 "你做什么能解决这个问题?"

当你开始帮助孩子寻找不同的解决办法时，要尽量像在下面的对话中那样提出想法：

*妈妈：* 让我们假设一个 6 岁的女孩希望她的弟弟让她玩他的游戏机。为了帮助这个女孩有机会玩游戏机，我们来玩 "她还能做什么" 的游戏。我们要想很多方法，很多**不同**的方法来解决这个问题。你们想出来的时候，我会写在纸上。亚历克斯，你能帮这个女孩想个办法让弟弟把游戏机给她玩儿吗?

*亚历克斯：* 她可以告诉妈妈。

*妈妈：* 好的（写下来），她可以告诉妈妈。这是一种方法。现在，做这个游戏的目的是想出很多**不同**的方法，可以让这个女孩叫弟弟把游戏机给她玩会儿。谁想出了第二种方法? 让我们把这张纸写满。

*艾莉森：* 她可以让弟弟玩她的玩具。

*妈妈：*（写下来）她可以告诉妈妈或者让弟弟玩她的玩具。

现在我们有了两种方法。亚历克斯，你能想出第三种吗？（夸张地伸出三根手指）

*亚历克斯：* 她可以让弟弟玩她的玩具。

*妈妈：* 哦，这跟艾莉森刚才说的是**同**一种方法。我相信你肯定能想出**不同**的方法。

*亚历克斯：* 她可以对弟弟说："求你了，求你了，我可以玩你的游戏机吗？"

*妈妈：* （把这个方法写下来）你们想出了很多**不同**的方法。谁能再说一个，第四种方法？

*艾莉森：* 她可以哭。

*妈妈：* 她可以哭。

（这是个意思不明确的反应。它可能只是愿望没有得以实现的一个反应，也可能是想操纵别人的感受。妈妈想要了解得更多一些。）

跟我再多说点儿。

*艾莉森：* 这样弟弟会同情姐姐的。

*妈妈：* 好的。（在这里，哭是一种解决办法，因此，玛丽把它写了下来。）现在你们有四种方法了。让我们把**不同**的方法都写在这张纸上，争取把整张纸都写满。记住，这是做这个游戏的目的。

*亚历克斯：* 给弟弟一些糖果。

（把这一条也写下来）

*亚历克斯：* 等弟弟不注意的时候，拿走他的游戏机。

*妈妈：* 你们想出了六种**不同**的方法可以让女孩尝试叫弟弟把游戏机给她玩会儿。

（读清单）

1. "她可以告诉妈妈。"
2. "她可以让弟弟玩她的玩具。"
3. "她可以对弟弟说：'求你了，求你了，我可以玩你的游戏机吗？'"
4. "她可以哭，这样弟弟会同情姐姐的。"
5. "她可以给弟弟一些糖果。"
6. "她可以等弟弟不注意的时候，拿走他的游戏机。"

**妈妈**：你们想出了很多主意。对此，你们有什么感觉——**骄傲**还是**沮丧**？

*亚历克斯和艾莉森*：**骄傲**！

进行这个游戏的目的是为了引导孩子思考对一个问题的多种解决办法，所以，在这个阶段，思考过程比想出的办法更重要。你可能会奇怪，为什么当亚历克斯建议"等弟弟不注意的时候拿走他的游戏机"时玛丽没有做出反应。这时候，家长一般会忍不住要解释为什么这不是个好主意，你可能会担心这会怂恿孩子想到用不可接受的方式来获得他们想要的东西。在下一章中，你会看到如何引导孩子考虑行为的后果，考虑一个主意是好还是不好。但是，这个时候重要的是，要让孩子自由思考。对某个具体的解决办法做出回应会限制孩子的这种自由。

你可以用很多不同的假设问题，让孩子利用这种自由来练习寻找多种解决办法。下面是一些你可以让孩子尝试解决的问题：

·滑梯上面的女孩希望下面的男孩走开，以便她可以滑下来。

·一个男孩想要玩他的朋友正在玩的球。

·一个女孩想要跟邻居的孩子一起溜旱冰，但那个孩子不想。

·一个男孩想要看一个电视节目，但他的姐姐已经在看另一个节目了。

你也可以让孩子编问题的故事，或者从故事书、杂志或者报纸上的图画中找。

## 有用的提示

### 提示 1：让孩子不断提出解决办法

孩子们通常认为一个问题只有一个正确的答案，因此，刚开始的时候，当他们已经提出了一个解决办法，而你要求不同的办法时，他们可能会感到困惑。当你问"你能想个不同的办法来解决这个问题吗？"时，孩子可能会认为他们的第一个回答是"错误的"。为了鼓励孩子想出更多的解决办法并灵活思考，在你问他们第二个办法之前，你可以说："那是一种办法。现在，这个游戏的目的是想出很多不同的办法。"然后问孩子第二个办法。这就肯定了孩子的第一个回答是正确的，提醒孩子向他们询问不同的办法是游戏本身的要求。

### 提示 2：处理无关或看似无关的回答

当你要求孩子提出更多解决办法时，他们有时会提出一个跟问题无关的办法。例如，在上面的故事中，艾莉森的办法"她可以哭"是想获取同情（是有意的哭），因而是有效的解决办法。但是，如果她说女孩哭是因为她不能玩弟弟的游戏机，那么，这个回答就跟问题无关，因为女孩哭只是女孩受挫的一种反应，而不是解决问题的办法。

当出现这种情况时，要先承认孩子的回答，但不要写下来，然后应该向孩子详细解释你想要什么样的答案。在这个例子中，家长可以说："她**可能**会哭，但是在这个游戏中，我们是在寻找女孩可以玩弟弟游戏机的办法。"

还有一些时候，你可能会得到一个看似无关的回答，但如果你要求孩子进一步解释，可能会发现这实际上是完全可以接受的一个解决办法。如果亚历克斯建议，要是女孩拿到妈妈的钱包就可以玩弟弟的游戏机会怎么样呢？初一看，这似乎与解决问题无关，但如果玛丽问："这怎么解决问题呢？"亚历克斯可能会解释："这样她就可以给弟弟两毛五分钱，然后就可以轮到她玩儿了。"此刻，这就是一个解决办法。（在第6章中，我们会教孩子对这样的回答进行评价。）

### 提示3：处理实质相同的解决办法

当孩子们提出的解决问题的办法与已经提出的办法意思相同，只是在细节上稍有不同时，就是实质相同的办法。例如，一个孩子提出的办法可能是"告诉她的妈妈"。同一个孩子或者别的孩子可能会按照这个思路建议："告诉她的爸爸。"

出现这种情况时，应把这些实质相同的解决办法归到同一类别中，然后要求孩子提出不同的答案。在这个例子中，家长可以说："告诉她的妈妈和告诉她的爸爸实质上是**相同**的办法，**因为**都是告诉某个人。你们能想出一个与告诉某个人**不同**的方法吗？"

其他实质相同的解决办法包括：

给东西：给他糖果，给他口香糖，等等。

打别人：打他，踢他，咬他，等等。

利用情绪：哭，哀求，做出伤心的表情，等等。

你在回应孩子提出的解决办法时，也要小心，因为你可能实际上会鼓励孩子提出实质相同的办法。例如，你说"这是个好主意"，会让孩子以为如果你喜欢"给他糖果"，那么你也会喜欢"给他口香糖""给他薯片"，以及所有实质是"给他某样东西"的各种办法。如果你发现自己喜欢说"很好"（我们大多数人都会这样说），你不妨说"很好，你想到了**不同**的办法"，或者"很好，你想了个主意"。

## "我能解决问题" 方法的实际运用

在你将这个概念介绍给孩子们之后，用不了多久，你可能就会惊喜地听到孩子们无需你的提醒就会使用这个思考技巧了。

玛丽是在听到窗户玻璃被打碎的声音之后，第一次发现艾莉森突然间就理解了多种解决办法的涵义。当玛丽到达后院的事发现场时，艾莉森的父亲正站在女儿面前，生气地嚷道："我告诉过你几百遍了，不要在房子周围扔棒球！"他吼道："现在你开心了？厨房窗户的玻璃碎了，我得花钱重换！"

"对不起，"艾莉森说，"我可以把零用钱存起来付这笔钱，或者我可以给爷爷打电话让他来换玻璃。"

玛丽知道丈夫是气坏了，忘记了"我能解决问题"对话不只是为了好玩儿，而是为了解决问题，于是，她马上过去帮助艾莉森继续寻找解决问题的办法。

"艾莉森，很高兴听到你想出了两个**不同**的办法来解决这个问题。"妈妈插话道，"不如你先告诉我们究竟发生了什么事吧。"

"嗯，事实上不是我扔的。赖安用力把球朝我扔过来，但离我的头顶太远了，我没能抓住。然后，球就把窗户玻璃给打碎了，他就跑了。"

"当赖安打碎窗户玻璃并跑了时，你觉得他会有什么感觉？"

"他害怕了。"

"你有什么感觉？"

"我对他很生气，但那时爸爸过来了，我就害怕了。"

"如果不是你打碎的窗户玻璃，你**为什么**会害怕？"

"因为爸爸告诉过我不要在房子附近玩球。"

"你觉得爸爸对这件事有什么感觉？"

"生气。"

艾莉森开始哭，边哭边说："但是我告诉他我可以赔他钱或者让爷爷来换玻璃。"

"我听到了。"妈妈说，"你还**可以**做什么，让爸爸不这么生气？"

"我可以保证以后不再这么做了。"艾莉森泪眼婆娑地说。

"这是另一个主意。"妈妈赞同道。

艾莉森的爸爸一直站在旁边听着她们的对话。让爸爸总是用"我能解决问题"方法来做出回应有点困难，因为他对此了解得不如玛丽多，但是此刻，他深受震动。他的管教方式通常是这样进行的：爸爸大喊，孩子大哭，每个人都感到心烦、生气。现在，不到一分钟，就澄清了事实，并且艾莉森明白了父亲为什么生气，促使她提出了自己的解决办法。结果无可争议。

"艾莉森，"爸爸说道，"我对打碎窗户玻璃的事情感到很生气，但是我也很高兴听到你理解我的感受，并且愿意想办法来解决问题。我要跟你说——我接受你的道歉和以后不会再在这儿玩球的保证，我也同意你给爷爷打电话，问他是否能过来帮我修好窗户。"

艾莉森带着对自己的骄傲离开了"灾难现场"。她已经吸取了在房子附近玩球的教训，也明白了"我能解决问题"方法真的能帮她解决问题。

打碎窗玻璃事件发生时，玛丽已经跟孩子们玩"我能解决问题"游戏和小对话有好几个星期了。尽管不是所有的孩子在玩几次游戏之后就能很快自己想出多种解决办法，但艾莉森确实熟悉了"我能解决问题"方法的实际运用。"我很惊讶，"她的妈妈说，"我知道她和亚历克斯都喜欢玩那些游戏，并且当我遇到问题用那些字词时，他们能辨认出来，但这是我第一次看到'我能解决问题'方法真正帮助孩子思考问题，以及如何解决问题。"

以前，艾莉森不会意识到问题不是打碎了窗户（实际上窗户玻璃不是她打碎的），而是她在不该玩球的地方玩球。她不会思考自己做了什么，或者她的爸爸会有什么感受，她会和爸爸争吵，因为"不是她干的"，或者她会哭着跑回自己的房间。不管是哪一种，都不会像"我能解决问题"办法那样有效地解决冲突。

## 感到太生气，以至于无法对话

如果你发现自己在冲着孩子嚷嚷（就像艾莉森的爸爸那样），或者对他们的不听话或者粗心行为咆哮不已，也不要下结论说"我能解决问题"方法不适合你。当家长太生气，以至于想不起来跟孩子对话时，就会回到老习惯中去，这种情况并不少见，特别是当孩子一次一次地造成同样的问题或者打碎特别珍贵的物品的时候。因为家长的情绪通常是孩子在思考解决办法时不得不考虑的因素，因此，当你自己很生气时，最好推迟做"我能解决问题"对话。遇到这种情况时，明确地表达出你的愤怒，或许是让孩子先回自己的房间去，等稍后你们都平静下来时再开始"我能解决问题"对话。在这样的情况下，其实没有任何损失，只是推迟了一会儿而已。

有时候，孩子也会因为太生气或者不高兴而无法思考"我能解决问题"方法。我想起一个上幼儿园的小女孩，她想要和同学一起玩泥巴。当遭到同学拒绝时，她开始哭（她已经学过"我能解决问题"方法，平时很善于解决自己遇到的问题）。她泪流满面，几乎无法告诉老师发生了什么事。似乎她不是因为不能玩泥巴而不高兴；她觉得伤心是因为她总是跟同学一起玩，而现在"她不跟我玩儿"。老师知道当时不是开始"我能解决问题"对话的时候。这个孩子首先需要安抚。

如果你发现你的孩子遇到了让他们非常生气或者苦恼的问题，不要马上试图用"我能解决问题"方法。过一段时间，等他们冷静下来，可以思考发生了什么事、有什么感觉，并且可以思考用多种方式来解决问题的时候再开始。

## 真正的问题是什么？

当玛丽和坦娅的妈妈凯伦娜把记录着孩子们寻找到的解决办法的清单做了一番比较之后，凯伦娜承认，她发现自己形成了一个不好的习惯。她似乎倾向于直接要求孩子提出多种解决办法，而没有先运用那些概念。"我喜欢帮助坦娅思考解决她自己遇到的问题的办法，"她告诉玛丽，"但我必须要记住，要以搞清楚问题所在以及孩子和别人的感受为前提，来开始对话，然后才能要求孩子提出解决办法。"

你也可能会陷入这种模式，因为作为家长，你已经习惯了给问题下结论。让我们想象一下，你走进厨房，看到孩子站在那里，地上是打翻了的牛奶盒。你想鼓励孩子使用"我能解决问题"思考技巧，于是问道："现在，你怎么解决这个问题呢？"如果孩子对问题是什么有截然不同的看法，他提出的解决办法可能会让你感到困惑不解或者恼火。你的孩子可能会觉得问题是牛奶盒太大了，他拿不住；而你可能会更多地考虑地板弄脏了的问题。

为了让孩子知道（也是对你的提醒）找到解决办法取决于每个人对问题的看法，看看第87页的插图。

对于问题是什么以及谁遇到了问题，可能有几种不同的解释。一个孩子可能会认为画中的女孩想要妈妈给她买布娃娃，但是妈妈不同意，甚至都不拿正眼看她。另一个孩子可能会认为，父母正在责骂站在他们中间的那个小男孩。第三个孩子可能会认为，画面右边的男孩想要那些积木，而父亲没有注意到他。甚至可能会有人把问题归咎于父亲或者母亲或者父母都有问题。

为了体验对这幅图可能会有的不同理解，以及在引导孩子想办法解决问题前需要搞清楚问题是什么，你可以和孩子做下面的游戏。

**家长：**（把这张图复印一份，以便孩子注上面画。）看看这张图，找到那个有问题的人，在那个人脸上画出表情来，表明你认为他有什么感觉。

（当孩子画好后）：告诉我你认为画中的人存在的问题。

（当孩子指出问题后）：我看到了另外一个问题。

（在画中另一个人脸上画上伤心的表情，并说出问题。）你和我看到的是**同样**的问题**还是不同**的问题？

有时候，我们认为只通过看就能知道问题是什么了；你知道，我们用_____看（指向眼睛）。

如果画中的人是真实的人的话，我们还能通过别的什么方法来发现问题呢？

（引导孩子回忆我们还可以通过听或者问来搞清楚问题）：让我们试着解决一下你指出来的问题。谁有问题？

（让孩子回答）

这个人可以做什么来解决问题？

（让孩子回答）

这是一种办法，还有别的办法吗？

（继续下去，直到孩子想不出主意为止。然后，用你指出的问题来重复这个过程。）

当艾莉森打碎了自己家的窗户时，如果父母都把问题集中在艾莉森的不听话上，而艾莉森坚持说"可是我没打碎窗户！"，那么问题就可能永远无法解决得让每个人都满意。上面的游戏能帮助你和孩子记住，在开始解决问题之前，要首先搞清楚谁有问题，以及是什么问题。

几个星期后，当玛丽发现亚历克斯床下有一堆垃圾时，她想起了这个道理。亚历克斯在周六的家务活，是把他废纸篓里的垃圾倒到地下室的垃圾箱中，但是，很显然他把垃圾倒到了床底下。如果是以前，玛丽会生气地把亚历克斯叫进房间，严厉地责备他要这样的花招。"马上把垃圾弄出去。"她可能会大声说，"再也不许把垃圾倒到床底下！"她还可能会提醒他要有责任感。"倒掉你的垃圾是你分内的事。如果你想成为家里的一分子，就必须学会分担家务。"但是，让我们看看玛丽现在是怎么说的，并且带来了多么令人惊讶的效果吧：

*妈妈：*（平静地）亚历克斯，这些垃圾为什么会在你的床底下？

*亚历克斯：* **因为**我不想拿到地下室去。

*妈妈：*（要弄清亚历克斯对问题的看法）为什么不？

*亚历克斯：* **因为**我不喜欢一个人去那儿，我害怕。

*妈妈：* 你从来就没告诉过我。

*亚历克斯：* 我怕你会觉得我是个小孩子。

*妈妈：* 亚历克斯，如果你害怕去地下室，那你就不必非得去倒垃圾。但你是家里的一分子，我希望你能做些事情来帮助照顾这个家。你能想出可以做什么吗？

（玛丽确认了真正的问题，然后处理责任感，再引导亚历克斯思考解决办法。）

*亚历克斯：* 我可以喂鱼。

*妈妈:* 好的。

（玛丽接受了亚历克斯的选择，作为这个问题的解决办法。）

通常，以"**为什么你……**"开头的话是孩子们都知道的生气的表示，而不是真的要得到什么信息。但是，当你用不那么具有威胁性的、要了解情况的语调问孩子，并且倾听孩子的回答时，你就可以获得有价值的信息。因为花了时间来明确问题所在，玛丽和亚历克斯就找到了一个让彼此都满意的解决办法。亚历克斯对自己喂鱼的决定很骄傲，因此恪尽职守地做着这件事；玛丽也很满意，因为她的儿子学会了承担责任。

## 角色扮演

打碎窗户事件和垃圾问题，让玛丽又燃起了用更多寻找解决办法的游戏继续进行"我能解决问题"方案的热情。她尝试的第一个游戏，是借助于角色扮演来强调在做出判断之前获取信息的必要性，并强化问题的解决有不止一种途径这个概念。

一天晚饭后，玛丽把亚历克斯、艾莉森和坦娅都叫到客厅里。"我们来玩一个新的猜猜看游戏。"她说，"每个人都要表演出一个场景，然后我问你们问题。"玛丽让艾莉森和坦娅站到一起，假装她们俩在玩儿。她叫亚历克斯走到她们身边，并站在那儿。然后，她让坦娅看着亚历克斯，摇头表示不，让亚历克斯做出一副伤心的样子走开。

"谁能猜出是什么问题？"妈妈问。

"她们不和我玩儿。"亚历克斯说。

"亚历克斯能做什么**或者**说什么来和她们俩一起玩儿呢？"妈妈问。

"他可以拿他的一个玩具来和我们一起玩儿。"艾莉森提议道。

"很好，你想出了第一个办法。谁能想出第二个？"

"我可以冲她们俩尖叫，直到她们让我和她们一起玩儿为止。"亚历克斯说。

"这是一个**不同**的办法，"妈妈说，"坦娅，你能想出第三个办法吗？"

"他可以告诉老师。"坦娅提议。

"这又是一种方法。"妈妈微笑着说。

玛丽之所以能够表演出问题情境，是因为她有一屋子渴望表演的演员，但是，这种角色扮演游戏在只有一个孩子的情况下也可以玩儿，只需要借助于玩偶就可以。拿两个玩偶，告诉孩子它们分别是姐姐和弟弟，并遇到了一个问题。像下面这样表演出一个场景，让孩子猜测是什么问题。

*姐姐：*（在看书）

*弟弟：*（开始冲撞、打扰姐姐）

*姐姐：*别这样！

*弟弟：*（继续推搡姐姐）

*姐姐：*住手！

*弟弟：*不。

*家长：*（对孩子）你能猜猜是什么问题吗？

（你的孩子会给出类似"弟弟不让姐姐清静"这样的回答。然后，让玩偶姐姐问你的孩子：）

*姐姐：*我怎样才能不让弟弟来打扰我看书呢？

当你的孩子提出一个解决办法时，要认可他的想法，然后要求他提出不同的办法，然后再问第三个办法。你可以用玩偶表演很多不同的问题情境，让孩子练习思考多种解决办法。

# 更多有用的提示

### 提示4：处理重复别人想法的行为

如果不止一个孩子在玩解决问题的游戏，当你要求他们提出更多可能的解决办法时，有的孩子常常会重复别人的想法。在前面那个女孩和游戏机的对话中，亚历克斯重复了艾莉森的解决办法——"她可以让弟弟玩她的玩具"。当像亚历克斯这样通常爱说话的孩子重复别人的回答时，你可以像玛丽那样说："哦，我相信你能想出**不同**的办法。"

对于那些因为平常不爱说话而学舌的孩子，不要强迫他们想出不同的办法，而是要赞扬他们终于说了些什么，你可以这样评价："我很高兴听到你也这么说。"或者，你可以让这个孩子拿一个玩偶，问玩偶有什么想法，或者鼓励这个孩子对着玩偶的耳朵悄悄说。

### 提示5：处理独占行为

如果你要求一群孩子提出解决办法，但有一个孩子一直在主导着对话，不给其他孩子机会，你可以问那个孩子："一个孩子占有了**所有**的机会，**一些**孩子得**不到**一点儿机会，这样**公平**吗？"让一个受过"我能解决问题"方法训练的孩子思考其他人对他或者她的行为有什么感觉，通常是解决这个问题的好办法。

## 玩偶游戏

坦娅的妈妈依然在用玩偶提皮和奥利跟坦娅玩"我能解决问题"游戏,特别是当坦娅自己在家的时候。她们在玩找办法游戏的第一天,玩了下面的玩偶游戏。你自己也可以尝试类似的游戏,以鼓励羞怯或者抗拒的孩子思考不同的解决办法。

*提皮:*（开始拿最后一块饼干）

*奥利:* 我想要那块饼干。

*提皮:* 不,你已经吃了一块了,这块我想要。

*家长:* 发生了什么事?出了什么问题?

*奥利:* 提皮拿了我的饼干。

*提皮:* 不,我没有,奥利拿了我的饼干。

*家长:* 你们两个对事情的看法是**相同**的**还是不同**的?

*提皮:* **不同**的。

*家长:* 哦,这就是说我们遇到了一个问题。我们谁能想出一个办法来解决这个问题呢?

*奥利:* 我想不出。坦娅,你能帮我吗?

*坦娅:* 你可以问妈妈是否还有饼干。

*家长:* 这是一种办法。这个游戏的目的是想很多办法。还有什么新的办法,一个**不同**的办法?

*坦娅:* 你可以把饼干分成两半。

*家长:* 好的,这是个**不同**的办法。我相信你还能想出第三个办法。

*坦娅:* 你们可以一个人吃饼干,另一个人吃别的东西,比如糖果。

*家长:* 现在,提皮和奥利有三种办法来解决他们的问题了。

*奥利:* 谢谢你,坦娅。

*提皮:* 是的,谢谢。三种办法我都要试试!

像坦娅这样羞怯的孩子，刚开始的时候会发现很难想出办法解决他们的问题，因此像这样的玩偶游戏，给了孩子一个不用害怕、与己无关的方式来练习的机会。随着他们对找到办法的信心的增强，他们也会越来越乐意把这种思考技巧运用到解决自己的问题中去。

实际上，在坦娅和妈妈玩这些找办法游戏大约一周后，坦娅的老师就告诉凯伦娜，她发现坦娅在处理自己跟其他人的关系时的方式有了改变。特别是有一件事她记得很清楚：坦娅在操场上看着两个女孩跳绳。很显然，坦娅想要加入她们，但是像以往一样，她只是羞怯地站在一边看着。"突然，"老师对凯伦娜说，"坦娅向拿着跳绳的女孩走过去，说：'如果你需要有人拿住绳子的另一端，我可以拿。'两个女孩想了一两秒钟，然后把绳子的一端递给坦娅，在课间休息余下的时间里，三个人玩得很开心。看到坦娅那样大声说出自己的提议，我非常高兴。"

要是老师提出让坦娅拿绳子，那两个女孩会邀请她和她们一起玩儿吗？如果她们邀请了，坦娅准备好了吗？这一次坦娅准备好了——因为那是她自己的想法。

## 找办法游戏

### 井字游戏[1]

可以跟孩子玩井字游戏，但先要让他们明白一般的井字游戏

---

[1]井字游戏，又称为打井、井字棋、OX棋。在欧美地区相当流行。游戏玩法：两个玩家（一个是O，一个是X），轮流在3×3的9个方格中放入单词或卡片，先猜拳决定答题的优先权，轮流念出一个空格，念对的就在该格画出O或X，谁先连成一线（或横，或纵，或斜）便胜出。

是怎么个玩法。然后，说你知道怎样玩"我能解决问题"井字游戏："我会告诉你们一个问题。如果你们能想出一个**不同**的解决办法来，就可以在格子里标上记号——用 O 或者 X 来表示。如果想不出解决办法或者说了一个别人已经说过的解决办法，那么这一次就不能做记号了。"

你可以用类似这样的问题开始你的游戏：盖瑞借了卡尔的新溜溜球，并把它弄丢了。他担心卡尔会生气。盖瑞能做什么或说什么才能让卡尔不生气呢？

如果你在跟一个孩子玩这个游戏，那么在提出不同的解决办法时，你将是孩子的竞争对手。如果你在和两个孩子一起玩儿，就让这两个孩子互相竞争。如果你在跟两个以上的孩子玩儿，就让他们轮流玩儿。

要记住，只有当孩子提出新的、与问题有关的解决办法时，才能让他们在格子里画 X 或 O。实质相同的回答和与问题无关的回答不算。

## 故事书游戏

你可以利用故事书帮助孩子练习寻找解决人际关系问题的多种办法。当你给孩子读故事的时候，在适当的地方停下来，问孩子这样的问题：

"发生了什么事？出了什么问题？"

"故事里有人发现**不同**的问题了吗？"

"当_____时（重复问题）你觉得（人物1）有什么感觉？"

"你觉得（人物2）有**相同**的感觉**还是不同**的感觉？"

"（人物1）做了什么或说了什么来解决问题？"

"当（人物1）那样做或那样说的时候，（人物2）有什么感觉?"

"你能想个**不同**的办法让（人物 1）解决这个问题吗?"

"你能再想个**不同**的办法吗?"

## 玩偶游戏

你可以用多种方式来和孩子玩玩偶游戏。在遇到问题时，玩偶游戏能够鼓励孩子们做角色扮演；玩偶可以让抗拒的孩子提出更多的解决办法，害羞的孩子可以借玩偶之口来说出自己平时不敢说的话。

下面的玩偶游戏是根据我们实际做过的一个游戏改编的，会让你了解，在遇到问题时如何利用玩偶帮助孩子练习寻找多种不同的办法来解决问题。

*奥利*：妈妈，提皮戳了我的眼睛。

*提皮*：我没有。你戳了我的眼睛。

*妈妈*：在不管是谁的眼睛被戳到**之前**，发生了什么事?

*奥利*：我在等你出去，提皮用她的外套戳我的眼睛。

*提皮*：我没有!

*妈妈*：提皮，你认为发生了什么事?

*提皮*：我正在穿外套，当我就要穿上的时候，外套飘了起来，打到了奥利。然后，奥利就戳我的眼睛，真的很痛。

*妈妈*：你想过要伤害奥利吗?

*提皮*：没有。

*妈妈*：奥利，现在你有什么感觉?

*奥利*：**生气**。

*妈妈*：那么提皮，你有什么感觉?

*提皮*：**沮丧**。

*妈妈*：你们能做些什么，让奥利**不生气**，让提皮**不沮丧**呢?

94

（对你自己的孩子）我们怎么才能解决这个问题呢？

*孩子：* 告诉你这件事。

*妈妈：* 是的，他们可以把这件事告诉我。你能想个**不同**的办法吗？一个他们能自己解决问题的办法？

*孩子：* 他们可以把事情说清楚。

*妈妈：* 这是一种办法。还能想个**不同**的办法吗？

*孩子：* 他们可以跟对方说："让我们重新做朋友吧。"

*妈妈：* 这是另一种办法。还能想出第三个办法吗？

*孩子：* 他们可以互相赠送对方礼物。

*妈妈：* 你做得很好，想了**不同**的办法来让提皮和奥利解决他们的问题。

玩偶游戏是练习技巧的有趣方式，在解决实际问题时有着重要的作用。大多数孩子都喜欢这些游戏，他们在把这些游戏运用于解决日常问题之前，就早已经能在游戏中考虑他人的感受，并思考多种不同的解决办法。因此，要对孩子有耐心。要多花些时间陪孩子玩游戏，鼓励孩子在有问题时运用"我能解决问题"的思考技巧——然后，你要注意观察、倾听孩子在思考自己的问题时显露出的运用这种方式的迹象。

即使是解决问题向来冲动和好斗的亚历克斯，有一天也用了一个"我能解决问题"的方法，让妈妈大为惊喜。在玩了找办法游戏几周后，有一次在食品杂货店买东西时，亚历克斯运用这些技巧让妈妈给他买了一块糖。

"我能要这块糖吗？"亚历克斯问。

"不行。"妈妈像往常一样说道。

"求——你了。"亚历克斯开始像往常一样哀求。

"不行。"妈妈重复道。

"那会让我开心。"亚历克斯试探道。

这个感觉字词的运用引起了玛丽的注意。于是，她忍住笑，说道："哦，真的会让你开心吗？"

"真的，"亚历克斯诚挚地说道，"而且我会到晚饭以后再吃。"

"我简直不敢相信，"后来玛丽对我说，"我差点儿把手里拿着的一只鸡掉到地上。以前，亚历克斯对我已经用过无数次'哭着要糖'的老一套。听到他开始用哭和哀求以外的方法来获得想要的东西，真是太让人惊讶了。当然，我无法拒绝——就给他买了糖，他真的等到吃完晚饭后才吃。尽管以后还会有无论他想出多少办法，我都会说'不'的时候，但是那天在食品店里，我可以看到用'我能解决问题'的方式看待问题，真的帮助亚历克斯不再那么抱怨和强求了。"

亚历克斯确实在学习"我能解决问题"的思考技巧，他时常会表现得愿意思考多种解决办法。然而，他还不是一个完全用这种方法来解决问题的孩子。尽管他和妈妈在一起时能够思考多种解决办法，但跟朋友在一起时，他选择的解决办法往往还是带有攻击性的（你可能还记得，他对使女孩们让他一起玩儿的办法是："我可以冲着她们尖叫，直到她们让我玩儿为止"），或者与问题毫不相干（例如，从妈妈的钱包里拿钱，以获得玩游戏机的机会）。但是，在他提出那些解决办法的时候，妈妈把这些想法作为一种想法接受了。到了这个阶段，像亚历克斯一样，你的孩子已经能自由思考解决问题的办法，但还没有对这些办法做出评价或判断。一旦孩子养成了"有不止一种方法"的思考习惯，就可以进入下一章，考虑"**如果**我那么做，接下来**可能**会发生什么"的问题。

# 第 *6* 章

# 考虑后果

　　到目前为止，你的孩子已经练习过思考假设和现实问题的解决办法了。你应该还记得坦娅、艾莉森和亚历克斯在一个角色扮演中表演的情景：两个孩子不让第三个孩子玩儿。他们能想出几种不同的办法来解决这个问题——甚至亚历克斯的建议"尖叫直到她们让我玩儿为止"也没有受到贬低，因为当时我们注重的是提出多种解决办法，而不是解决办法的内容。现在，我们要加入最后一个解决问题的技巧——考虑后果——这样，你的孩子就能学会评价他们的方法对自己及他人的影响。对于孩子们来说，同时思考能做什么以及如果那么做可能会发生什么是有困难的，但是这么多年来，我已经了解到，哪怕4岁的小孩子最后也会做得相当出色。

　　正是这最后一个步骤才使"我能解决问题"法对你的孩子的现在以及以后的成长具有如此重大的价值。在我们当今的社会中，那些对自己与别人相处时所出现的问题一再做出麻木、残忍或者破坏性反应的人，还没有养成在行动之前考虑后果的习惯。而另一方面，受过"我能解决问题"方法训练的人，则能更好地运用合理的、负责任的方式来处理日常冲突，这是因为他们练习过因果思考的技巧。

## 考虑事情的先后顺序

因果思考的目的，是要帮助孩子思考如果采用了某个办法，接下来可能会发生什么。因此，只有当孩子知道事情是按照某种顺序发生的时，他们才能明白后果的意义。如果你让孩子先复习一下事情是按某种顺序发生的，你的孩子会更容易达到这个目标。

### 之前和之后

你可以通过回顾第 2 章"*之前*"和"*之后*"的字词游戏来复习因果思考。这两个词能让孩子认识到诸如这样的因果情景："我喊了他的绰号*之后*，他打了我。"

你可以在做任何有两个步骤的事情时，跟孩子一起练习这个概念——例如准备麦片时（"我把麦片放到碗里*之后*倒入牛奶"）或者刷牙时（"我刷牙*之前*把牙膏挤在牙刷上"）。然后，可以让孩子举自己的例子。

### 故事接龙

故事接龙是另外一种练习因果思考的游戏，很好玩儿，并且几乎可以随时随地玩儿——洗碗时，开车时，或者在超市排队结账时。试试下面这个：

故事接龙一开始是先编一个故事，任何故事都可以，然后让孩子们轮流接下去把故事讲完。玛丽和亚历克斯是这样开始故事接龙游戏的：

"从前，"她说，"一个小男孩的妈妈想烤一个蛋糕。于是，她做的第一件事就是把**所有**的原料都混合在一起。然后，她……"玛丽停了下来，让亚历克斯补充接下来发生的事情。

"然后，她把它放进了烤箱。"亚历克斯说。

玛丽接了过来："然后就是烤蛋糕了。你认为接下来发生了什么？"

"然后，她把蛋糕给了小男孩，他把蛋糕吃光了！"亚历克斯咯咯地笑道。

你可以像玛丽那样讲一些步骤大家都很熟悉的故事，例如种花或者布置餐桌，或者你也可以讲更需要想象力的、开放性结尾的故事，例如："从前，有一个小女孩搬到了一幢新房子里住。当她到那儿时，做的第一件事是……"然后问故事接下来发生了什么。这能帮助孩子认真思考"接下来发生了什么"这个问题。

## 如果……可能会发生什么

你还可以用"**如果**……**可能**会发生什么"的游戏来复习顺序的概念。在这个游戏中，你给孩子提供一种情形，然后让他们补充后果。开始时，你可以尝试下面几种说法，然后自己再多编一些：

- "**如果**你整晚不睡觉，**可能**会发生什么？"
- "**如果**你穿着泳衣站在雪地里，**可能**会发生什么？"
- "**如果**一个人从来不刷牙，**可能**会发生什么？"
- "**如果**一位女士从来不喂她的宠物，**可能**会发生什么？"
- "**如果**一个孩子只吃垃圾食品，**可能**会发生什么？"
- "**如果**从不下雨，**可能**会发生什么？"

这些练习因果思考的游戏，会鼓励孩子思考："**如果**我选择这个办法，接下来**可能**会发生什么？"这个"接下来可能会发生什么"就是后果，对于有效地解决问题是非常重要的。

## 考虑人际交往中的后果

你可以用类似于上一章中用来思考多种解决办法的游戏，来练习因果思考。要像在以前的字词游戏中一样强调"可能"这个词，因为没有人能够预测接下来将会发生什么——当涉及到其他人时，后果永远是不确定的。凯伦娜选择了一个周六的下午，当坦娅、艾莉森和亚历克斯在厨房里抱怨说他们无事可做时，开始了这个"我能解决问题"方法的最后一步。

凯伦娜手里拿着纸和笔，对孩子们说："好吧，到桌边来，我们看看能不能帮助我认识的一个小男孩解决他的问题。"孩子们知道这是要玩"我能解决问题"游戏了，都跑了过来。

*妈妈：* 这个男孩叫乔伊，他想要喂教室里的仓鼠吃东西，但是，一个叫吉尔的女孩子已经拿着仓鼠的食物站在了笼子边，准备喂仓鼠。乔伊怎样才能得到喂仓鼠的机会呢？

*艾莉森：* 我知道！他可以问她可不可以两个人都喂一些。

*妈妈：* 这是一种办法。记住，游戏的目的是想出不止一种办法。坦娅，你能想出**不同**的办法来吗？

*坦娅：* 他可以向老师要求让他喂一次。

*妈妈：* 很好，你想出了个**不同**的办法。亚历克斯，你能想出第三种办法来让乔伊有机会喂仓鼠吗？

*亚历克斯：* 他可以把女孩推开。

*妈妈：* 好的，让我们思考一下这个方法，编一个不同的故事，一个关于接下来**可能**会发生什么事情的故事。假设男孩真的把女孩推开了。这是他能做的事情，我把这个方法写在这张纸的左边。 （在纸的中间画一道线，把亚历克斯的回答写在左边。）

他可以把她推开。

*妈妈：* 现在仔细听好了。这是一个新的问题。如果男孩把女孩推开了，那么故事接下来**可能**会发生什么呢？

*艾莉森：* 她**可能**也会推他。

*妈妈：* 好的，女孩**可能**也会推他。我会把所有**可能**会发生的事情写在线的右边。（写下艾莉森的回答。）现在，让我们想想接下来**可能**会发生的更多的事情，**如果**男孩推开女孩的话。

*坦娅：* 她**可能**会哭。

*妈妈：* 好的，女孩**可能**会哭。（把这个可能的后果写在线的右边，然后在解决办法和因此而产生的后果之间画一条线。）

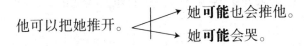

*妈妈：* **如果**男孩推开女孩（指着纸的左边），女孩**可能**也会推男孩（重重地描黑箭头）**或者**女孩可能会哭（再次描黑箭头）。**如果**男孩把女孩推开，女孩还**可能**会做什么？

*亚历克斯：* 她可能会告诉妈妈。

*妈妈：*（把亚历克斯的回答列入纸右边的清单中）**如果**男孩把女孩推开，女孩**可能**会对男孩说些什么？

*坦娅：* 她可能会说："走开。"

*妈妈：*（把坦娅的回答加到纸右边的清单中）好的。**如果**男孩把女孩推开，女孩**可能**会有什么感觉？

*亚历克斯：* 生气！

*妈妈：* **如果**男孩把女孩推开，女孩**可能**会生气（列到清单中）。看看**如果**男孩使用亚历克斯解决问题的办法，所有**可能**发

生的事情吧（读纸右边清单的内容）：

妈妈：你们都做得很好，想了很多接下来**可能**会发生的**不同**的事情。我们待会儿会用另一个问题再玩这个游戏，可是现在我们去吃点东西吧。

无聊的情绪一扫而空，孩子们都围在凯伦娜身边要吃的。用这种方法将考虑后果介绍给孩子们，是简短而成功的。

## 因果思考的步骤

你可以从凯伦娜假设的问题游戏中看到，引出后果很简单，就是明确问题，思考解决办法，然后问："接下来**可能**会发生什么？"把孩子们的回答写下来，并在解决办法和后果之间画箭头，可以帮助孩子看到（即使他们还不识字）一个行为会导致另一个行为。

像凯伦娜那样，当你开始跟孩子一起考虑后果时，你会发现按照下面这些简单的步骤会很有帮助：

1. 提出问题或者让孩子提出问题。
2. 像往常那样引导孩子提出多种解决办法。
3. 在遇到有助于询问出后果的解决办法时，停下来。（通常，"打"、"抢"或者"告诉某人"这样的解决办法都可以用来探究后果。）

4. 把这个解决办法写在纸的左边。

5. 宣布你要编另一个关于接下来可能会发生什么事的故事。要求孩子们做出多个不同的回答。

6. 把每个回答都列在纸的右边，在解决办法和每个回答之间画一条线。

继续让你的孩子尝试一些因果思考。你或许可以以这样的问题开始：凯尔有蜡笔，塔拉有水彩笔。凯尔想用塔拉的水彩笔。凯尔怎样才能用塔拉的水彩笔呢？然后问如果凯尔那么做了，可能会发生什么事。

（注意，上面的问题中说的是"用"。如果你问"你怎样才能得到水彩笔呢？"那么，你几乎就是在建议孩子这样回答："拿来。"）

## 有用的提示

### 提示 1：鼓励孩子说出后果

你可以像鼓励提出更多解决办法那样，鼓励孩子说出后果——不要暗示孩子的第一个回答是"错误的"。你要让孩子知道，你让他们考虑更多后果，是因为想很多可能会发生的不同的事情是很好玩儿的——而不是因为你不喜欢孩子们的第一个回答。因此，当你开始问孩子不同的后果时，要说："**那是**可能会发生的**一件事情**。现在，这个游戏是要想很多**如果……可能**会发生的事情。"

### 提示2：继续引导孩子说出更多后果

如果你的孩子对"接下来**可能**会发生什么"的问题已经想不出回答了，你就问他们："＿＿＿＿＿＿**可能**会说什么？"或者甚至问："＿＿＿＿＿＿**可能**会做什么？"

### 提示3：处理连锁反应

你要让孩子只说直接后果，而不是连锁反应。例如，如果乔恩推了帕特丽夏，直接后果是帕特丽夏可能也会推乔恩。当你问另一种后果时，你的孩子可能会说："然后乔恩**可能**会朝帕特丽夏扔积木。"但是，乔恩扔积木不是他推帕特丽夏的直接后果——而是因帕特丽夏推他而发生的连锁反应。

如果你的孩子提出了连锁反应的后果，你要指出来。比如，你可以说："如果帕特丽夏也推了乔恩，**可能**会发生那样的情况。但是，记住，我们是在思考乔恩先推了帕特丽夏后接下来**可能**会发生什么。第一种是帕特丽夏**可能**会推乔恩，还**可能**会发生什么？"

### 提示4：处理意思不明确或看似无关的回答

对于这种情况，处理方式与思考多种解决办法时遇到的跟问题无关或看似无关的回答时的处理方式一样。首先要弄清楚孩子在想什么；尤其重要的是要问孩子是谁采取了那个行为。例如，在男孩想要喂仓鼠的问题中，如果孩子的回答是"抢食物"，这既可能是男孩的解决办法，也可能是女孩采取的行为的后果。在这种情况下，你要让孩子解释是谁抢食物。如果孩子说是男孩抢食物（这是这个男孩的解决办法），你可以接着说："那是**男孩**

为得到喂仓鼠的机会而可能采取的做法。记住，我们在讨论**如果男孩推开女孩，女孩可能**会说什么**或**做什么。"

## 提示 5：对"什么事也不会发生"或"我不知道"的回应

当你问孩子"接下来**可能**会发生什么"时，他们可能会回答："什么事也不会发生。"或者"我不知道。"这两种回答，都可能是孩子诚实的回答，表明他们被难住了，什么也想不出来；但是，也有可能意味着他们不在意，不想思考，或者只是不想再继续玩这个游戏了。如果出现这样的情况，就一定要设法弄明白孩子这样回答的真正含义是"我被难住了"还是"我不在意"。如果孩子当时没兴趣玩这个游戏，就要休息一下。以后总还会有很多机会的。如果孩子觉得被难倒了，想不出答案，你可以通过继续对话，鼓励他们思考后果。

如果孩子用"什么事也不会发生"来回答你"接下来**可能会发生什么**"的问题，你可以说："**或许**什么事也不会发生，但是让我们虚构一下**可能**会发生什么事。"鼓励孩子"假设"一个后果。

如果孩子回答"我不知道"，你可以说没有人能确定会发生什么事，以表示对孩子的认同，但是，然后要鼓励他们用假设和虚构可能会发生什么来继续玩游戏。

## 提示 6：处理意思相同的解决办法

正如你开始要求孩子提出多种解决办法时看到的一样，有些孩子会给出与已经提出的办法意思相同的办法。如果你在要求孩子思考后果时发生这种情况，要指出那些解决办法"差不多是一样的，**因为**它们都是＿＿＿＿＿＿（例如告诉某人）"，然后，要求孩子想出可能会发生什么不同的事情。

105

与寻找解决办法时给出意思相同的答案类似，孩子在考虑后果时可能也会给出这样的答案，包括：

告诉她的妈妈/告诉她的爸爸/告诉她的老师（都是告诉某人）

打/推/扇耳光（都是伤害别人）

叫/嚷/喊（都是用声音表达愤怒）

## 解决办法和后果

一旦孩子似乎理解了每个解决办法都会造成后果之后，你可以通过把寻找办法和思考后果结合起来，玩一些较短的"方法－后果"游戏。

假设你跟孩子说了这样一个问题：

贝蒂有一个玩具，德雷克想玩儿。德雷克怎样才可以玩到贝蒂的玩具呢？

首先让孩子想一个解决办法：

办法：德雷克可以开口向贝蒂要。

然后让孩子想出一个可能的后果：

后果：贝蒂会把玩具给德雷克。

只要时间允许，只要孩子还有兴趣，就可以继续要求孩子提出办法和后果。这个例子可能会有的办法－后果有：

1. 他可以踢她。——▶她会哭
2. 他可以说："我不会做你的朋友了。"——▶她不在乎。
3. 他可以开口要。——▶她会给他。
4. 他可以用他的蜡笔来交换。——▶她会交换。
5. 他可以抢。——▶她会抢回来。

当作为游戏出现时，这种思考过程对孩子来说是好玩儿、很有趣的活动。之后，你会发现当孩子遇到实际问题需要解决时，他们会愿意甚至渴望考虑你建议的"你有一个问题，让我们思考解决办法**和**它们的后果"，或者甚至是更简短的话，就像一天艾莉森对亚历克斯说的："让我们用'我能解决问题'。"

## 玩偶游戏

像以前一样，玩偶游戏是帮助孩子练习"我能解决问题"新技巧的有趣方式。在凯伦娜讲了男孩和仓鼠的问题不久后的一天，她没上班，在家陪坦娅，因为坦娅病了，喉咙痛，耳朵也痛。她知道坦娅向来喜欢玩偶游戏，于是凯伦娜拿出奥利和提皮帮助她打发时间，以给她更多的机会练习思考解决办法和考虑后果。她们是这样进行的：

*妈妈：* 哦，亲爱的，奥利和提皮遇到了一个需要帮助解决的问题。

*提皮：* 奥利在用我的颜料。

*奥利：* 不，**我没有**，这是我的颜料。

*妈妈：* 坦娅，提皮和奥利对这个问题的看法是**相同**的**还是不同**的？

*坦娅：* 不同的。

*妈妈：* 这就是说，我们有一个问题需要解决。你有什么感觉，提皮？

*提皮：* **生气**。如果奥利不把颜料还给我，我会打他的脸。

*妈妈：* 坦娅，**如果提皮打了奥利的脸，可能**会发生什么？

*坦娅：* 我想奥利会告诉他妈妈。

*妈妈：* 这是**可能**会发生的一种情况。还**可能**会发生什么？

*坦娅：* 他**可能**会哭。

    *妈妈：*（想弄清楚是否是无关的回答）谁**可能**会哭？

    *坦娅：*奥利。

    *妈妈：***如果**提皮打了奥利，奥利**可能**会哭。还**可能**会发生什么？

    *坦娅：*他**可能**也会打提皮。

    *妈妈：*这是另外一种**可能**会发生的情况。提皮有什么别的办法既可以让奥利把颜料还给她，又不会让奥利哭或者打她？

    *坦娅：*或许她可以用其他玩具和奥利换一些颜料。

    *妈妈：***如果**她这样做，**可能**会发生什么？

    *坦娅：*奥利**可能**会说"好的"，给提皮一些颜料。

在这个玩偶游戏中，凯伦娜开始把考虑后果这个概念向前推进了一步。当第一个解决办法看起来不尽如人意时，她让女儿思考另一个解决办法。这是"我能解决问题"方法的终极目标——评估后果，判断解决办法是好还是不好。

## 评估解决办法

艾莉森和亚历克斯把他们在坦娅家讨论仓鼠问题的情况都告诉了妈妈。因此，几天后，玛丽又用仓鼠问题来继续练习"解决办法会造成后果"这个概念。她还想加入另外一个概念——有些后果使得一个解决办法是个好办法，而有些后果使得一个解决办法是不好的办法。孩子明白了这一点后，他们就可以自己判断自己想到的解决办法是好还是不好。而且，他们会从找办法游戏中明白，当他们认为一个解决办法并不能真正解决问题时，还可以想别的办法。这正是我说的"我能解决问题"方法教孩子如何思考，而不是思考什么，这样他们最终就能够成功地解决实际生活中遇到的问题。

玛丽开始说："还记得那个男孩想要喂仓鼠，于是就决定把女孩推开的故事吗？你们认为**如果**男孩把女孩推开，女孩**可能**会推男孩、哭**或者**告诉妈妈，还记得吗？我来问你们每人一个问题：艾莉森，**如果**男孩推女孩导致这些事情发生，那么你认为'推她'**是**个好办法吗？"

"不是。"艾莉森说。

"为什么不是？"妈妈继续问。

"因为就是不是嘛。"

妈妈想要更确切的答案，她问："你觉得被推开会让这个女孩有什么感受？"

"可能会伤心或生气。"

"那么推是不是个好办法？"

"**不**是个好办法。"

"亚历克斯，"妈妈问，"你觉得呢？**如果**男孩推女孩可能导致女孩推男孩、女孩哭**或者**告诉妈妈，那么这是不是个好办法呢？"

"不是个好办法。"亚历克斯同意。

"那好，如果推女孩**不是**一个好的解决办法的话，男孩可以想个**不同**的办法来喂仓鼠吗？"

"或许他可以请求她。"亚历克斯建议道。

"我要把这一条写下来。"妈妈说。"现在，我们来想想**如果**他请求她的话，**可能**会发生什么。艾莉森，接下来**可能**会发生什么？"

"她可能会说好的。"

"但是，"亚历克斯大声说，"她也**可能**会说不行！"

"好的，"妈妈说道，并把这个结果写到了纸上。"我正在写'她**可能**会说好的，也**可能**会说不行'。好了，亚历克斯，**如果**他请求女孩的话，你还能想出**可能**会发生什么**不同**的事情吗？"

"她可能会说他们一起喂。"

"好的，我们写下来。"

他可以请求。　　　　她**可能**会说好的（或者不行）。

她**可能**会让他一起喂。

"好了，"妈妈指着纸上写的说，"**如果**他请求女孩，她**可能**会说好的，**可能**会说不行，**或者**她**可能**会提出一起喂仓鼠。亚历克斯，你认为请求女孩**是**个好办法吗？"

"是的。"

"**为什么**呢？这个办法解决了男孩的问题吗？"妈妈问。

"如果女孩说好的，就解决了。"

"**如果**女孩说不行，那男孩该怎么办呢？"妈妈问。

"我知道!"艾莉森插嘴说，"他可以想个**不同**的办法。"

"是的，他可以。"妈妈回答说。"当结果证明第一个办法不是好办法时，你总是可以尝试另一种办法。"

通过考虑后果来评估解决办法，对于像亚历克斯这样爱冲动的孩子来说，显得特别重要。他通常的做法是想出一个办法，马上就付诸行动。练习这种在做任何事情之前先思考的技巧，会极大地改善孩子和其他人的交往方式。

### 提示7：处理不合意的解决办法

当你给孩子自己想办法解决问题的自由时，他们有时会提出你可能不喜欢的办法——比如把女孩从仓鼠笼前推开，对于亚历克斯来说，这起初看来是很好的办法。不过不要担心，研究表明，当孩子学会"我能解决问题"的思考方式时，他们最终将不太可能使用无法真正解决问题的办法。尽管如此，玛丽还是可以通过让亚历克斯多考虑后果，帮助他想出一个对他人来说负面影响较少的解决办法。

同样，你的孩子可能会觉得从朋友手中抢玩具是个好办法，因为"我会得到我想要的"。如果你的孩子提出的解决办法不合适或者令人不快，你可以让他们重新评价一下自己的想法，问一些类似下面这样的问题：

"**如果**你那么做，＿＿＿＿＿＿＿会有什么感觉？"

"**如果**你那么做，还**可能**会发生什么？"

"**如果**出现那种情况，你会有什么感觉？"

"你可以做点什么**不同**的事情，避免出现那样的情况？"

## 遇到问题时的日常用法

"我能解决问题"游戏和活动能够帮助孩子明白，不同的解决办法有不同的后果。这能让孩子为现实生活的真实情境做好准备，以切身发现他们决定的办法能否真的解决问题。

比方说，你的孩子告诉你，她想让朋友和自己一起玩跳房子游戏，作为交换，她可以稍后让朋友和自己一起骑自行车。如果在你指导她考虑了这个办法的后果之后，她仍然认为这是个好办法，你要对她说："去吧，去试试。"

如果这个办法行得通，你就说："噢，都是你自己想出来的，你是一个解决问题的能手！"

如果这个办法行不通，你就说："你得想个**不同**的办法。我知道你是个会想办法的人！"

如果孩子提了个负面的解决办法，例如威胁别人，你可以问孩子："**可能**会发生什么？"以及"别人**可能**会有什么感觉？"然后，帮助孩子明白还有其他解决办法。

看看玛丽是如何通过一段完整的对话，来帮助艾莉森解决她和亚历克斯之间的问题的：

妈妈：你为什么从亚历克斯那里抢蜡笔？

艾莉森：因为他从来不肯分享。

（这指明了问题所在。）

妈妈：你觉得当你抢走亚历克斯的蜡笔时，他会有什么感受？

（让艾莉森考虑亚历克斯的感受。）

艾莉森：**生气**。

妈妈：接下来**可能**会发生什么？

（让艾莉森思考她的行为带来的后果。）

艾莉森：他会打我。

妈妈：如果他打你，你会有什么感受？

（艾莉森也要考虑自己的感受。）

艾莉森：**伤心、生气**。

妈妈：抢是你能得到蜡笔的一种办法。你还能想个既使亚历克斯不**生气**，你自己又不会**伤心**的**不同**的办法吗？

艾莉森：我可以请求他。

（艾莉森独自思考其他的解决办法。）

妈妈：这是个**不同**的办法。**如果**你请求他，你认为**可能**会发生什么呢？

（让艾莉森估计这个解决办法的后果。）

艾莉森：他可能会说好。

妈妈：去吧，去试试。

艾莉森：我可以用那支蓝色的蜡笔吗？

*亚历克斯：* 不行！

*妈妈：* 这个办法行不通。你能再想个**不同**的办法吗？

*艾莉森：* 我可以说："我会让你用我的水彩笔。"

（艾莉森想了一个不同的办法。）

*妈妈：* **如果**你那样做的话，你觉得**可能**会发生什么呢？

（让艾莉森也估计这个解决办法的后果。）

*艾莉森：* 我想这一次他会把蜡笔借给我用。

*妈妈：* 那就试一下吧。

*艾莉森：* 亚历克斯，要是你让我用你的蓝色蜡笔，我就让你用我的水彩笔。

*亚历克斯：* 好吧。

*妈妈：* 这些全是你自己想出来的。你是一个解决问题的能手。

## 缩短对话

如果玛丽责备艾莉森抢蜡笔，告诉亚历克斯要分享，然后调解必然会发生的争吵，所用的时间并不会比这段对话的时间短。而且，在孩子养成思考别人的感受、想出其他的解决办法以及考虑后果的习惯后，你还可以把"我能解决问题"的对话缩短一些。因为艾莉森平常就很善于解决问题，所以，玛丽很可能只需要问艾莉森"你可以想个**不同**的办法来解决你的问题吗？"这样一个简单的问题，就可以帮助女儿解决上面例子中的问题。

即使像亚历克斯这样在遇到问题时好冲动的孩子，在用了足够的时间练习思考技巧，并明白了全部概念以后，也会对更简短一些的"我能解决问题"对话作出积极反应。一天，亚历克斯想让妈妈允许他晚饭之前玩游戏机，妈妈只说了一句话就避免了亚历克斯发脾气，妈妈说："到吃晚饭的时候，我不得不在你正玩得尽兴时让你停止，你会有什么感受？"

"**沮**……**丧**。"亚历克斯骄傲地说出了这个他费了很大劲儿才学会的新词。

然后，妈妈问："现在你能想点不必中途停下来的**不同**的事情来做吗？"

想了一会儿后——这对于亚历克斯来说是一个巨大的进步——他说："我到外面去玩球。"在这个例子中，一段简短的对话，就圆满地解决了问题。

## 孩子的成长

"我能解决问题"对话除了具有能帮助孩子思考现实生活中遇到的问题的好处之外，你还会注意到，随着孩子继续练习这些思考技巧，他们的行为举止会发生全面的变化。坦娅、亚历克斯和艾莉森在学习了"我能解决问题"方法后，在很多方面有了显著的进步。

例如，坦娅不仅在玩"我能解决问题"游戏时变得更自信、更敢说话了，而且还学会了如何更好地跟其他孩子交流。"我能解决问题"方法虽然没有完全改变坦娅的羞怯，但她不再胆怯和害怕其他孩子了；这种方法帮助坦娅学会了处理自己的情绪，教会了她如何跟他人和睦相处。在第5章中，当坦娅想跟其他女孩一起跳绳时，她能想出不同的方法来达成心愿（"如果你们需要有人拿住绳子，我可以拿"）。这是坦娅跟其他孩子打交道的一个重大突破。还有一次，坦娅的妈妈看到，就在坦娅正准备坐到操场上的秋千椅上时，另一个孩子跳了上去。如果是以前，坦娅会伤心、沮丧地走开，甚至可能会哭着跑向妈妈。但是这一次，坦娅想了一个不同的处理办法。她站在秋千椅旁，对那个孩子说："你荡完之后，就该轮到我了。"

没有学过"我能解决问题"技巧的羞怯的孩子，在遇到冲突情景时会转身走开，因为他们不知道该说什么或者如何作出自信的反应。但是，坦娅现在能大声说出自己的想法了，这清楚地表明，"我能解决问题"方法正影响着坦娅处理问题情境的方式。

亚历克斯对待他人的方式也表现出了巨大的进步。非常引人注意的是，他对弟弟的感受变得敏感多了。特别是有一次，当玛丽走进房间时，看到彼得正在哭，而亚历克斯手里则拿着彼得的毯子。"发生什么事了？"她问。

"亚历克斯拿了彼得的毯子。"艾莉森说。

"但是让我告诉你为什么。"亚历克斯恳求道。

"这种反应，"玛丽后来对我说，"让我吃了一惊。亚历克斯知道了，对我来说弄清楚真正的问题是什么很重要。我以为他是像往常那样拿走了毯子让彼得哭哭，但结果却是他想用毯子给彼得做一顶小帐篷。"

"我以为这会让他很高兴。"亚历克斯对妈妈说。

"我真的非常高兴，'我能解决问题'教会了我不要不问青红皂白就开始指责亚历克斯拿走了弟弟的东西。我的小捣蛋鬼想要做一件好事，'我能解决问题'帮助我们俩明白了这一点。"玛丽没有惩罚亚历克斯，而是帮助他弄明白了彼得哭是因为他拿走了毯子，然后，玛丽帮助亚历克斯想出了一个既不会让弟弟生气，又能搭帐篷的办法。

即使是对自己的朋友，亚历克斯也能找到不那么具有攻击性的方式来解决问题了。例如，有一天在幼儿园里，亚历克斯想让理查德从小货车里出来，因为"现在轮到我了"。当听到理查德说"我正玩儿着呢"时，亚历克斯没有像往常一样打他或踢他，来制造新的事端。相反，他想了一个不同的解决办法。"如果你让我玩货车，"他说，"我会很快还给你。"

理查德没说话。

亚历克斯接着问："为什么不能让我玩儿呢？"

"因为，"理查德说，"我要玩儿，我正在拖石头。"

"我跟你一起拖，好吗？"亚历克斯大声问道。

"好的。"理查德说。然后，两个男孩子一起玩货车。

当然，亚历克斯打人、踢人的行为并没有完全成为历史，因为一种思考方式要用相当长的时间才能变成一种自动的反应。但是，就目前来看，随着亚历克斯对"我能解决问题"方法了解的增加，他已经有了令人印象深刻的进步。既然他已经开始知道寻找其他解决办法，并学会了考虑后果，他也就能更有效地解决问题了。这种能力帮助亚历克斯少了很多沮丧感，并且能够更好地与家人和朋友相处了。

即使是天生擅长解决问题的艾莉森，也从"我能解决问题"方法中受益匪浅。这种方法对问题的思考过程，巩固和强化了她原有的能力。像艾莉森这样的孩子学习了这些技能，可以防止他们在以后的成长过程中出现问题，因为这种思考方式是能够伴随人的一生的。这个过程还让艾莉森天生的思考能力得到了家人的接纳和支持，有助于她始终保持这种习惯。

## 总　结

"我能解决问题"方法就是这些内容了。现在，你可以运用完整的"我能解决问题"对话来满足你的所有要求，以帮助你的孩子解决他们的问题了。

总结起来，一个完整的"我能解决问题"对话包括四部分，能够帮助孩子：

1. 明确问题所在。

2. 理解自己及他人的感受。
3. 思考解决问题的办法。
4. 预估解决办法的后果。

让我们回头看看第 1 章吧。玛丽刚开始运用这种方法的时候，感觉可能跟你们一样，她不确定自己会做得怎么样，对于要重新思考自己习惯的方式——告诉孩子做什么（"别抢！"——或者甚至给孩子解释"因为你可能会失去一个朋友"）——感到有点不舒服。当时，我用了一段完整的对话来说明玛丽以后将怎样学会帮助亚历克斯思考他抢玩具的问题。玛丽花了很多时间，才成为了一个能熟练运用这种方法的妈妈。起初，这段对话在你看来可能太长、太工于安排，但对你却有指导意义。但是现在，我们已经绕了一大圈，回头再看看，你会发现这段对话就是按照上面列出的四个步骤来进行的：

*妈妈：* 亚历克斯，老师告诉我你又抢玩具了。告诉我是怎么回事？

（妈妈帮助孩子认识问题。）

*亚历克斯：* 乔纳森拿了我的吸铁石，不肯还给我。
*妈妈：* 你当时为什么一定要拿回来？
*亚历克斯：* 因为他已经玩了很长时间了。
*妈妈：* 你那样抢玩具，你觉得乔纳森会有什么感觉？
（妈妈帮助孩子考虑其他孩子的感受。）

*亚历克斯：* 很生气，但我不在乎，因为吸铁石是我的。
*妈妈：* 你抢吸铁石的时候，乔纳森做什么了？
（妈妈帮助孩子思考行为的后果。）

*亚历克斯：* 他打我。

*妈妈：* 那让你有什么感觉？

（妈妈帮助孩子思考自己的感受。）

*亚历克斯：* 生气。

*妈妈：* 你很**生气**，你的朋友也很**生气**，并且他打了你。你能想一个你们俩都不**生气**，而乔纳森也不会打你的方法拿回玩具吗？

*亚历克斯：* 我可以请他给我。

*妈妈：* 那样的话可能会发生什么呢？

（妈妈指导孩子思考正面的解决办法会产生的后果。）

*亚历克斯：* 他会说不。

*妈妈：* 他**可能**会说不。你还能想到什么别的办法拿回玩具吗？

（继续把重点放在孩子的问题上，妈妈鼓励他想出更多的解决办法。）

*亚历克斯：* 我可以让他玩我的玩具汽车。

*妈妈：* 好主意。你想出了两种**不同**的方法。

这段"长长的"对话，向我们表明了"我能解决问题"思考过程的每一个步骤，然而，它只用了不到一分钟的时间——但是，它还可以再缩短一些，并且依然有效。在亚历克斯熟悉了这种对话的四个步骤后，他的妈妈就能够用更简短的对话，来鼓励他改变思考问题的方式。对于抢玩具的问题，妈妈或许只需说："亚历克斯，你能想个**不同**的办法既能让自己拿回玩具，又不让你们两个人都**生气**，而且乔纳森也不会打你吗？"仅仅这样简单的一句问话，往往就足以引导亚历克斯考虑自己和他人的感受、思考其他的解决办法及产生的后果。

不论对话的长短，亚历克斯的妈妈都没有试图用她自认为"正确的"方式来解决问题。她没有告诉儿子要分享（儿子认为他已经分享了），或者甚至解释他为什么不该抢玩具。妈妈的提问帮助了亚历克斯思考问题，考虑自己及他人的感受、他的行为的后果，以及他还能做点儿什么。这就是"我能解决问题"的思考方式。

像亚历克斯一样，你的孩子现在也已经有了可以用来思考人际关系中遇到的任何问题所需要的技巧了。有了这种思考技巧，他们不需要你告诉他们该思考什么，而是他们自己知道如何思考——当他们在生活中遇到问题时，这才是真正最关键的。

＊　　　　＊　　　　＊

当你完成了这一篇中的游戏、活动和玩偶游戏后，通往更快乐、更成功的人际关系的大门就敞开了，但是，不要让你的孩子在门口止步。现在，是养成使用这些技巧的习惯的时候了。每天，对于遇到的每一个新问题，要记住用"我能解决问题"的思考技巧来解决。当你们谈论故事书中、电视上、新闻报道中、邻居家，当然还有你们自己家中的问题时，你都可以运用这些思考技巧。"我能解决问题"会变成一种思考方式，会使你的孩子受益终生。

本书的第2篇可以作为你今后继续使用"我能解决问题"思考技巧的参考，它用很简单的形式列出了有助于解决人际关系问题的游戏和活动，给出了一些典型对话的例子，帮助你快速回忆起来，而无需重读全部章节。

# 综合运用

RAISING
A THINKING CHILD

第 *7* 章

# 游戏和活动

　　在第 1 篇中，你已经看过亚历克斯、艾莉森和坦娅做了很多"我能解决问题"的游戏和活动。你可能已经借鉴这些例子来教你自己的孩子"我能解决问题"的技巧了。但是，就像学习任何新的技巧时一样，把整个过程完整地走一遍仅仅只是个开始。需要经过反复练习，这些技巧才能不需提示就可以熟练使用。

　　下面列出的游戏，给你提供了练习"我能解决问题"技巧的更多好想法，提供了能加强孩子对字词的理解以及在解决问题过程中的感受的理解的一些方法。这些游戏还会提醒你，当你坐下来进餐、驾车外出办事或者甚至帮孩子做家庭作业时，你都有机会练习"我能解决问题"的思考技巧。

　　但是，要记住，这些只是建议，只是很多字词游戏中的几种。事实上，因为在每天的生活中都会经常出现可以运用"我能解决问题"方法的时刻，你可能需要一本笔记本，把那些对你尤其有效的想法和时刻记录下来。这样，当你偶尔回到这一章来重温"我能解决问题"的思考技巧时，你的笔记本将成为你方便快捷的第一手参考资料。

不论要玩什么游戏，都要记住，只能使用你的孩子明白的概念。例如，如果你 4 岁的孩子还不能够分清楚骄傲和沮丧的感觉，在游戏中就不要使用这两个词。你可以把我建议的游戏与孩子的实际水平结合起来。

## 可以随时玩的字词游戏

### 是/不是

"_____**是**一名篮球（棒球，等等）运动员。他**不是**一名_____运动员。"

"今天**是**星期二，**不是**_____。"

### 或者（还是）/和（并且）

"今天天气很热，**并且**_____。"

"你可以用水彩笔**或者**用_____给图画上色。"

### 一些/所有

"我的孩子有一**些**在房间里，还是我**所有**的孩子都在房间里？"

"你捡起了一**些**玩具还是**所有**的玩具？"

### 相同/不同

"这枚硬币跟那枚硬币看上去**相同**还是**不同**？"

"你跟你的朋友喜欢吃**相同**的食物还是**不同**的食物？"

## 可能/或许

"如果你觉得**可能**_____的话，应该带把雨伞。"

## 之前/之后

"你是在奶奶出生**之前**还是**之后**出生的？"
"你该在穿上袜子**之前**还是**之后**穿鞋？"

## 如果/那么

"**如果**我们坐着，**那么**我们就不是_____。"
"**如果**你在玩泥巴，**那么**你就不在_____。"

## 为什么/因为

"今天是游泳的好日子。你能猜猜**为什么**今天是游泳的好日子吗？"
"你能完成这个句子吗？今天我该穿上外套，**因为**_____。"

## 公平/不公平

"今天学校里发生了什么**不公平**的事情吗？"

## 考虑感受

"什么事让你的妈妈（爸爸、哥哥、姐姐，等等）感到**开心**？

伤心？生气？骄傲？沮丧？"

"你做什么事会让你的妈妈（爸爸、哥哥、姐姐，等等）感到开心？生气？骄傲？沮丧？"

"说说你上一次感到开心、伤心、生气、骄傲和沮丧的情形。"

"当你完成这项作业时，你会感到开心？伤心？生气？骄傲？沮丧？"

"当你们队赢得比赛时，你有什么感觉？"

"今天有没有发生什么事让你感到开心？伤心？生气？骄傲？沮丧？"

"你怎么知道你的宠物是开心？伤心？生气？"

"系鞋带可能很困难。当你系不上时，你是觉得开心还是沮丧？"

## 睡前玩的字词游戏

### 是/不是

"现在是上床睡觉的时间，而不是＿＿＿＿＿。"

### 或者（还是）/和（并且）

"当你上床睡觉时，你希望门是开着还是关着？"
"当你上床时，关了灯，并且开着（关上）门。"

### 一些/所有

"你想跟一些布娃娃还是所有的布娃娃一起睡？"

## 之前/之后

"你是在上床睡觉**之前**还是**之后**刷牙?"

## 如果/那么/可能

"**如果**你睡觉睡晚了,**那么**第二天早上**可能**会发生什么情况呢?"

"**如果**你晚上睡觉时不盖上毯子,**那么可能**会发生什么情况呢?"

## 现在/以后(稍后)

"如果你**现在**不上床睡觉,那么**可能**会发生什么情况呢?"
"**现在**就上床睡觉好,还是**稍后**去睡觉好?"

## 为什么/因为

"你知道我们**为什么**每天晚上都要睡觉吗?"

## 公平/不公平

"你**为什么**觉得哥哥可以比你晚些去睡觉是**不公平**的?"

## 考虑感受

"该睡觉时你有什么感觉?"

"早上该起床时你有什么感觉？"

## 做作业时玩的字词游戏

你可以经常使用"我能解决问题"字词跟孩子讨论家庭作业。另外，小学低年级的孩子常常把印有字母、颜色和形状的课堂作业带回家来做。当你辅导孩子做这些家庭作业时，可以运用"我能解决问题"字词来帮助孩子巩固功课。下面将教你如何把孩子的家庭作业和"我能解决问题"字词联系起来。

### 是/不是

"这**是**字母 A，**不是**字母（孩子回答）。"

"这**是**圆形，**不是**（孩子回答）。"

### 或者（还是）/和（并且）

"这是字母 A **还是**字母 B？"

"这是你的拼写作业**还是**数学作业？"

"今晚你有两个作业要做：读课文**和**＿＿＿＿作业。"

### 一些/所有

"把**所有**的圆形指给我看。"

"把这一页上的正方形指出**一些**来给我看，不需要指出**所有**的。"

## 相同/不同

"把两个**不同**颜色的圆形指给我看。"
"把两个**相同**颜色的圆形**和**一个**不同**颜色的圆形指给我看。"

## 之前/之后

"字母 B 是在字母 C **之前**还是**之后**?"
"数字 5 是在数字 2 **之前**还是**之后**?"

## 如果/那么/可能

"**如果**你作业做得好,**那么**明天到学校**可能**会发生什么事呢?"
"**如果**你在拼写上下工夫了,**那么**考试时**可能**会怎样呢?"

## 为什么/因为

"家庭作业是很重要的,这是**因为**_____。"
"你觉得老师**为什么**要给你布置家庭作业呢?"

## 公平/不公平

"你抄你朋友的家庭作业,这**公平**吗?"

## 考虑感受

"你对做家庭作业有什么感受?"
"如果你不做家庭作业,那么明天上学老师要检查时你觉得你会有什么感觉?"

"老师在这份家庭作业上画了一个星,这让你有什么感觉?(如果需要的话,可以问孩子是**骄傲**还是**沮丧**?)"

"我知道你正在努力解这道数学题,发现它很难,这让你有什么感觉?(如果需要的话,可以问孩子是**骄傲**还是**沮丧**?)"

## 用餐时玩的字词游戏

是/不是

"这**是**比萨,**不是**_____。"

或者(还是)/和(并且)

"这是比萨**还是**鸡蛋?"

"比萨是用生面团、奶酪**和**_____做成的。"

一些/所有

"你吃了一**些**比萨还是**所有**的比萨?"

相同/不同

"指一样跟你的比萨颜色**相同**的东西给我看。"

"指一样桌子上跟你的比萨形状**不同**的东西给我看。"

## 可能／或许

"如果你一个人吃了所有的比萨，**可能**会发生什么？"

## 之前／之后

"我们是在睡觉**之前**还是**之后**吃比萨？"

## 现在／以后（稍后）

"你想**现在**还是**稍后**再吃点比萨？"

## 如果／那么

"**如果**这是比萨，**那么**它就**不是**_____。"
"**如果**你往杯子里放了苏打水，**那么**你就**不能**往杯子里放_____。"

## 为什么／因为

"你不能吃下整个比萨，**因为**_____。"
"我们不能每天晚上都吃比萨，**因为**_____。"

## 公平／不公平

"如果我吃了两块比萨，而只给你吃一块，是**公平**还是**不公平**呢？"
"把**所有**的比萨都吃光，不给你爸爸留点儿，这**公平**吗？"

### 考虑感受

"给你一大块比萨，**还是**给你一小块比萨，会让你**开心**呢？"

"谁会拿了一大块比萨却**不开心**呢？"

"我们**所有**的人对比萨都有**同样**的感觉，还是**一些**人有**不同**的感觉呢？"

## 购物时玩的字词游戏

### 是/不是

"这是一家食品店，**不是**一家_____店。"

"指一种颜色**是**红色的水果给我看。"

"指一种**不是**胡萝卜的蔬菜给我看。"

### 或者（还是）/和（并且）

"你希望我买曲奇饼**还是**薄脆饼？"

"要做一个花生酱和果酱的三明治，我需要买花生酱、果酱**和**_____。"

### 相同/不同

"西瓜和哈蜜瓜都是瓜。它们看上去是**相同**的还是**不同**的？"

"你希望我买跟上次**相同**的还是**不同**的麦片？"

（你可以给孩子画着食物图片的优惠券。站在具体的食物区前，问下面的问题）："把看上去跟图片上的**相同**的食物指给我看。"

## 一些/所有

"**所有**这些瓜大小相同，还是有一**些**是**不同**的?"

## 之前/之后

"我们是在把食物从货架上拿下**之前**还是**之后**付款?"
"你知道这**些**玉米在运进这家商店里来**之前**是产自哪里的吗?"

## 现在/以后（稍后）

"我们是**现在**拆开这包面条还是等**以后**再拆?"
"**如果**我们**现在**拆开这包面条，**可能**会发生什么?"

## 如果/那么

"**如果**我们不去买吃的，**那么可能**会发生什么?"
"**如果**我只买零食，而不买准备晚饭所需的真正食物，**那么可能**会发生什么?"

## 为什么/因为

"你知道**为什么**要把冰激凌存放在冰箱里吗?"
"我把苹果放进塑料袋中，是**因为**_____。"

### 公平/不公平

"只给你买吃的，却不给弟弟买，这**公平**吗?"

### 考虑感受

"给你什么吃的会让你感到**开心**?"

"给你什么吃的会让你有**不同**的感受?"

"当果农从果树上摘下这些看起来很不错的桃子时，你认为他是感到**骄傲**还是感到**沮丧**?"

## 讲故事时玩的字词游戏

在给孩子讲故事的时候，你可以跟孩子玩很多字词游戏。例如，在给孩子讲经典故事《小红帽》时，你可以一边指着故事书中的图画，一边问孩子一些与故事相关的问题，例如下面这些问题:

### 是/不（没）

"这**是**一个小女孩，**不**是_____。"

"这个小女孩穿着一件红外套，而**不**是穿着_____。"

### 一些/所有

"这个故事中提到的**所有**孩子都是女孩，还是有一**些**是男孩?"

## 相同（一样）／不同（不一样）

"当小红帽来到了外婆家时，外婆看上去是跟往常**一样**还是**不一样**？"

## 可能／或许

"接下来**可能**会发生什么事情？"

## 之前／之后

"大灰狼是在小红帽到达外婆家**之前**还是**之后**吃掉了外婆？"

## 现在／以后

"你想**现在**讲完这个故事还是**以后**再接着讲？"

## 如果／那么

"**如果**小红帽听了妈妈的话，**那么可能**会发生什么事情呢？"
"**如果**小红帽在树林里没有跟大灰狼说话，**那么**什么事情就可能**不会**发生了？"

## 为什么／因为

"小红帽看到外婆时感到很惊讶，这是**因为**_____。"
"你知道**为什么**小红帽不应该跟大灰狼说话吗？"

## 公平/不公平

"你觉得大灰狼骗小红帽，这**公平**吗？"

## 考虑感受

在给孩子读故事书时，在适当的地方停下来，问孩子下列问题：

"当_____时（**描述事件**），你觉得这个人会有什么感觉？"
"**为什么**你觉得他会有那样的感觉？"
"你会和他有一样的感觉**还是不一样**的感觉呢？"
"你**为什么**会有那种感觉？"
"还有什么刚发生的、**不同**的事情也会让你有那种感觉吗？"
"故事中的另一个人怎样做才能帮助小红帽重新**开心**起来？"

## 思考解决办法和考虑后果

因为故事中有人物冲突，因此可以用来练习思考解决办法和后果。你可以在给孩子讲故事的时候运用"我能解决问题"的思考技巧，时不时地停下来，问孩子下面这样一些问题：

"你认为小红帽用了个好办法来解决问题吗？**为什么**？"
"你能想个**不同**的办法**可以**让小红帽用来解决问题吗？"
"**如果**小红帽采用了你的办法，**可能**会发生什么？"
"故事的结尾还**可能**是怎样的？"

# 旅行时玩的字词游戏

## 是/不是

"我们正在开车，**不是**在_____。"

"当你乘车旅行时，你可以眺望窗外，但**不能**_____。"

## 或者（还是）/和（并且）

"你可以坐在前排座位上**或者**后排座位上。"

"当你上车时，你应该做两件事：关上车门**和**_____（系上你的安全带）。"

## 一些/所有

"你认为我们该把一**些**行李还是**所有**的行李放到后备箱里去?"

"我们的小轿车能搭载你**所有**的朋友，还是只有一**些**?"

"你是喜欢**所有**的时间都乘坐公交车还是一**些**时候?"

## 相同/不同

"你朋友的车的款式跟我们的车的款式是**相同**的还是**不同**的?"

"车内的颜色跟车身的颜色是**相同**的还是**不同**的?"

"我们的车跟公交车相比，看起来是**相同**的还是**不同**的?"

### 之前/之后

"我们应该是在开车**之前**还是**之后**系上安全带?"

### 现在/以后

"汽油很少了。你觉得我是**现在**加油还是**以后**再加?"

"你是想**现在**停下来吃午饭还是**稍后**再说?"

### 如果/那么/可能

"**如果**你不系安全带,**那么可能**会发生什么?"

"**如果**你把手臂伸到车窗外,**那么可能**会发生什么?"

### 为什么/因为

"你知道**为什么**信号灯变红时我不能继续朝前开吗?"

"你知道**为什么**汽车需要汽油吗?"

### 公平/不公平

"你上次坐在前排座位上,这次又让你姐姐坐在后面,这**公平**吗?"

### 考虑感受

"你是走路去学校还是坐车去学校**更开心**?"

"当公交车晚点时,你有什么感觉?"

# 看电视时玩的字词游戏

**是/不是**

"我们在看动画片，**不是**在看_____。"
"你认为他的做法**是**好还是**不**好？"

**或者/和**

"你是想看_____（节目名称）**还是**_____（另一个节目名称）？"

**一些/所有**

"**所有**参加节目的人都很有趣，还是只有一些很有趣？"
"你**所有**的朋友都看这个节目，还是只有一**些**看？"

**相同/不同**

"你不能**同**时看_____（节目名称）**和**_____（另一个节目名称）。"
"那两个人看待问题的方式是**相同**的还是**不同**的？"

**可能/或许**

"你认为接下来**可能**会发生什么事情？"

## 之前/之后

"我是应该在这个节目结束**之前**还是**之后**关掉电视?"

"你想在广告**之前**还是**之后**吃点零食?"

## 如果/那么/现在/以后

"**如果**你**现在**看电视,**那么**你就**不能**看_____。(如果需要的话,问孩子是**现在**还是**以后**?)"

## 为什么/因为

"你知道那个人**为什么**笑吗?"

"你能完成这个句子吗? '那个男人正在打扫房间,**因为**_____'"

## 公平/不公平

"你认为刚才节目中发生的事情**公平**吗?"

"你**为什么**那么想?"

(如果说不公平):"该怎样才算是**公平**的?"

## 考虑感受

"那个人感觉怎么样?"

"他**为什么**有那种感觉?"

"你会有和他**相同**的还是**不同**的感受?"

**思考解决办法和考虑后果**

"这个故事说的是什么问题?"

"这个问题之所以会发生,可能是**因为**_____。"

"当（说出事件）时,那个人有什么感觉?"

"那个人为解决问题做了什么或说了什么?"

"还有其他人试着来解决问题吗?"

"当那个人试着解决问题**之后**发生了什么?"

"是在**合适的时间**还是**不合适的时间**尝试解决办法的?"

"那个解决办法是好还是**不好**?"

"你能想个**不同**的办法来解决这个问题吗?"

## 有关问题情境的游戏和活动

你很容易就能把前面建议的活动运用到日常生活中去。但是,你也可以用游戏帮助孩子继续思考问题以及如何解决问题。下面是我多年来看到的极受孩子们喜欢的一些游戏。要记住,你可以自己编排游戏,甚至可以让孩子们自己编排一些。

### 记忆游戏

孩子们喜欢玩记忆游戏——记忆游戏有趣、很有竞争性,是练习"我能解决问题"思考技巧的极佳方式。跟孩子玩这个游戏时,你需要准备两份如第 145 ~ 146 页的插图,然后把它们剪成游戏卡片。再把卡片混在一起,正面朝下放好。现在,你可以开始了。

让你的孩子从中抽出两张卡片。如果这两张卡片上的图不一样，就告诉他要努力记住图片和图片的位置，然后重新翻成正面朝下放回去。如果卡片上的图一样，而且如果你的孩子能够回答出与图片有关的四个问题，他就可以拥有卡片。这四个问题是：

1. "有什么问题？"
2. "图片中的人对这个问题有什么感受？"
3. "有什么可能的解决办法？"
4. "如果图片中的这个人真的那么做（或说）了，**可能**会发生什么？"

当把所有的卡片都玩过一遍后，拥有最多一样卡片的人获胜。

你可以有好几种方式来改变记忆游戏的规则。你可以决定，当出现一对卡片时，孩子必须想出两个解决办法，并分别考虑其后果。或者你可以让孩子说出一种办法和三种可能的后果。或者你甚至可以只用这个游戏让孩子思考三种可能的解决办法来复习以前的找办法游戏。不管你想玩哪一种，你都会发现这是练习"我能解决问题"思考技巧的好方法。

## 玩偶游戏

前面每一章中玩过的玩偶游戏都可以反复玩儿或者经过改编后反复玩儿。如果你的孩子有玩偶，或者布娃娃，或者毛绒动物玩具，甚至是只有两只短袜，就可以满足你练习"我能解决问题"方法的全部需要。

根据孩子的意愿和兴趣，你可以拿着两个玩偶，或者你和孩子各拿一个。随着孩子对"我能解决问题"的思考技巧越来越自信，她可能会想两个玩偶都由她拿，来为你表演一出戏。

当你们玩玩偶游戏的时候，要给玩偶出一个需要解决的问题。例如，你可以假装一个玩偶想要出去玩儿，但另一个玩偶想待在家里玩儿。可以通过问玩偶类似下面这样的问题，来指导孩子完成"我能解决问题"对话的四个部分：

1. "有什么问题？"
2. "你对此有什么感觉？"
3. "你怎样才能解决这个问题？"
4. "如果你那么做，**可能**会发生什么？"

## 舞台剧

一些孩子喜欢表演舞台剧。他们会打扮起来，为家人和朋友上演一出滑稽短剧。如果你的孩子喜欢做这种事情，你可以指导他们做问题情境的角色扮演。例如，他们可以假装自己正在操场上，一个孩子不想从滑梯上下来。让你的孩子思考，他们可以做什么或者说什么才能轮到他们玩滑梯。然后，让他们表演出问题和解决办法。

## 壁画

我认识的几个孩子已经用这本书中的插图编了个游戏。这些孩子的父母复印了这些插图，并把它们贴在了墙上。每隔一段时间，孩子们就配合插图编出一个新的问题情境，并讲述故事中发生了什么事情，可以怎样解决问题，以及如果采用了那些办法，可能会发生什么事情。这个游戏可以相当直观地提醒孩子思考"我能解决问题"方法的技巧。

# 记录簿（用于真正的问题）

　　一个"我能解决问题"记录簿，就像小孩子的日记簿一样。刚开始的时候，给孩子一本随便什么记事本，让他们可以在上面画画来记下他们的问题和感受。例如，可以鼓励孩子们画一张脸，来表示他们当时对某个问题的感受。让他们画一张自己解决问题的画面，然后让他们画一张脸，用来表示如果他们选择的办法解决了问题他们会有什么感受。如果你的孩子愿意，还可以让他们把问题和解决办法说给你听。在你把故事写进他们的记录簿后，可以让他们给故事配插图。以后，你的孩子会喜欢翻翻这个记录簿，听你说起他们的问题，以及他们是如何解决问题的。这种图画、记述和阅读，可以帮助孩子们练习思考问题、考虑感受以及思考解决问题的办法和产生的后果。

第 *8* 章

# 对话范例

这一章并不是为培养善于思考的孩子而精心设计的"菜谱"。我不指望你会阅读并记住其中的每一段对话，我当然也不希望你认为这些对话代表着在某些情景中对孩子使用"我能解决问题"方法的惟一方式。"我能解决问题"对话是与孩子对话的一种方式，但并不要求按照死记硬背的"剧本"进行。

如果你把本章中的对话当做一个方便的参考指南的话，这些对话对你才会最有用。例如，你发现自己又回到了老习惯——不能忍受跟孩子发生口角和争论，并且又开始对孩子大喊大叫。你无需重读整本书，而只需快速浏览这一章，就能让你想起来如何用"我能解决问题"的方式来和孩子讨论问题。当然，你还可以更简单一些，如果你的孩子有一个让你似乎忍受不了的老问题——例如从其他孩子手中抢玩具——你可以看一下这一章中的"抢东西"（参见第178页的索引），重新想起在这种情况下你要问孩子什么问题。下一次在他抢玩具的时候，你就可以马上使用这种方法了。

所以，你可以在这一章放个书签。如果你需要快速想起或者是有某个具体的问题需要用到"我能解决问题"的方法，这一章对你就很有用了。

## 孩子与孩子之间的问题

孩子与孩子之间的问题是指那些经常发生在孩子和他们的朋友之间的问题。如果你的孩子正在学习和练习"我能解决问题"的方法，你要做的就是，当这些问题发生时，注意倾听，然后问孩子一些能够促使他们用"我能解决问题"方法进行思考的问题。

在我们用"我能解决问题"方法处理孩子们之间的一个典型问题——打人——之前，我们先看一些多年来我听到过的父母们的反应。在你阅读这些对话时，看看是不是有些你觉得很熟悉。它们指出了父母们处理这个问题时常常使用的几种方式。

## 关于打人的常规对话

*孩子：* 鲍比打我。

*家长：* 他什么时候打你的？

*孩子：* 在学校的时候。

*家长：* 明天我会跟老师说。

（在这段对话中，是家长在解决问题。孩子完全没有参与对问题的思考。）

在下面的两段对话中，两位妈妈就打人问题给了她们的孩子不同的建议，但她们用的是同一种方法。

*孩子：* 艾米今天打我了。

*家长：* 你也打她。

*孩子：* 她打到了我的鼻子。

*家长：* 每次她打你的时候，你也要打她。我不希望你这么懦弱。

*孩子：* 可是我害怕。

*家长：* 要是你学不会保护自己，小朋友们就会一直打你。

*孩子：* 那好吧。


*孩子：* 丹尼把我推倒了。

*家长：* 然后你做了什么？

*孩子：* 我打了他。

*家长：* 你不该打他。打人是不好的。你可能会伤到别人。最好是告诉老师。

*孩子：* 那样他会说我是告密者。

*家长：* 要是你不告诉老师的话，他会一直打你。

*孩子：* 好的。

（这些家长忽视了孩子的想法，并提出了他们建议的后果。一个家长告诉了孩子该做什么，另一个家长则告诉了孩子不要做什么。但是，两位家长都没有鼓励孩子自己思考并做出决定。）


当你告诉孩子如何解决问题时，不管你是否向孩子解释你的建议，你都失去了鼓励孩子提出自己的想法的机会。如果你坚持某个办法是最好的，就像上面的例子中那样，孩子就会感到沮丧，不再进一步思考该做什么，只剩下担心如何按照你的建议去做。这些家长的意图虽好，但他们忽略了孩子对问题的看法，永远无法知道孩子当时为什么会挨打。

有时候，家长也会发现孩子为什么挨打，但是依然只关心他们认为孩子该怎么做。例如：

　　*家长：*他为什么打你？

　　*孩子：*我不知道。

　　*家长：*你先打他了，拿了他的玩具，还是别的什么原因？

　　*孩子：*我拿了他的书。

　　*家长：*你应该拿别人的东西吗？

　　*孩子：*不应该。

　　*家长：*当你想要一个东西的时候，应该怎么做？

　　*孩子：*请求别人给我。

　　*家长：*对，你应该请求。你拿他的书是不对的，所以他才打你。

　　（这个家长仍然是把她自己的解决办法强加给孩子，而不是以孩子的观点找出解决办法。）

　　有些家长在对话中会提到别人的感受。但是，只告诉孩子别人有什么感受，并不能促使孩子作进一步思考：

　　*家长：*翠莎为什么打你？

　　*孩子：*她的朋友叫她打我的。

　　*家长：*那一定让你很生气。

　　*孩子：*是的。我要把沙子扔到她脸上。

　　*家长：*如果你那么做，她会生气，那你们就真的要大打出手了。拿出做大姐姐的风度来，不要理她。

　　（这个家长谈到了别人的感受，但是只关注了教孩子不要打人。）

　　在这些例子中，家长提出的建议虽然有所不同，但方式都是一样的：家长替孩子思考。在这一点上，"我能解决问题"方法是不同的，这样的家长会指导孩子思考问题。

# 关于打人的"我能解决问题"对话

看看下面这段关于打人的完整的"我能解决问题"对话。为了提醒你不要忘了向孩子问某些问题的初衷，我在必要的时候指出了相应的步骤。

*家长：* 特里，谁打你了？

*孩子：* 纳塔利。

*家长：* 发生了什么事？她为什么打你？

（家长想知道孩子对问题的看法。）

*孩子：* 她就是打了我。

*家长：* 你是说她无缘无故地打你？

（家长鼓励孩子思考事情的起因。）

*孩子：* 哦，是我先打她的。

*家长：* 为什么呢？

*孩子：* 她不让我看她的书。

*家长：* 当你打纳塔利的时候，她会有什么感觉？

（家长引导孩子考虑他人的感受。）

*孩子：* 生气。

*家长：* 你知道她**为什么**不让你看她的书吗？

（家长引导孩子理解他人的观点。）

*孩子：* 不知道。

*家长：* 你怎样才能知道呢？

151

*孩子：*我可以问她。

*家长：*那你去问她吧，就看她肯不肯告诉你。

（家长鼓励孩子搞清事实，发现问题。）

（后来）

*孩子：*她说我从来不让她看我的书。

*家长：*现在你知道她为什么不让你看她的书了，你能想想自己做什么或说什么，她才会让你看她的书吗？

（家长鼓励孩子思考解决问题的办法。）

*孩子：*我可以不再跟她玩儿。

*家长：*如果你这样做，**可能**会发生什么？

（引导孩子思考解决办法的后果。）

*孩子：*她可能不愿再做我的朋友了。

*家长：*你想让她做你的朋友吗？

*孩子：*想。

*家长：*你能想个**不同**的做法，使她愿意继续做你的朋友吗？

（家长鼓励孩子进一步思考解决办法。）

*孩子：*我可以拿本书给她看。

*家长：*这是个**不同**的主意。你为什么不试试呢？

当这位妈妈发现自己的孩子先动手打人时，她没有提建议或者从打人的正反两方面来对孩子进行说教，而是继续用"我能解决问题"对话法，鼓励孩子考虑纳塔利的感受和最初的问题（想要书）。然后，她帮助孩子思考多种办法来解决问题，并考虑这些办法可能会带来什么样的后果。最后，是孩子而不是家长解决了这个问题——这就是"我能解决问题"的方法。

在这一章的孩子与孩子之间以及父母与孩子之间的"我能解决问题"对话中，你会发现遇到一个具体问题时家长使用的解决问题的方式。一旦你理解了这个方式，你会发现，不管出现什么问题或者冲突，都很容易用这个方法去解决。

有时候，在父母将"我能解决问题"方法用于实际问题情境时，一些旧习惯很难被打破。例如，你可能曾经听到过：

*家长：*布鲁斯，你们老师告诉我你捉弄其他孩子，扰乱课堂。你现在上二年级了，要是再这样下去，你会学不到任何东西，交不到任何朋友。

*孩子：*我不在乎。

*家长：*你都这么大了，应该懂得道理。如果你不停止捉弄其他孩子的话，我将不得不对你禁足，直到你在乎为止。

（我真想知道孩子究竟在想些什么。）

让我们再试试这个———一种解决问题的方式：

## 关于捉弄的"我能解决问题"对话

*家长：*你为什么要捉弄其他孩子？

*孩子：*我不知道。

*家长：*可能有很多原因。**如果**你好好想想，我知道你肯定能想出一种。

*孩子：*妈妈，没有小朋友喜欢我。

（哦……这就是他心里想的。）

*家长：*捉弄其他小朋友会让他们喜欢你吗？

*孩子：* 我猜不会。

*家长：* 当你捉弄他们的时候，会出现什么事情？

*孩子：* 没什么。哦……他们会跑开。

*家长：* 你怎么做才能让他们不跑开呢？

*孩子：* 做他们的朋友？

（这个家长继续帮助孩子思考如何和别人交朋友。没有冗长的说教，现在孩子在乎了……真的在乎了。）

# 孩子与孩子之间问题的对话原则

指导孩子与孩子之间的问题，有三个基本的对话原则：

### 1. 搞清楚孩子对问题的看法

如果你不先弄明白你的孩子认为问题是什么，就会出现权力之争，孩子的问题就永远得不到真正的解决。例如，如果你的孩子认为问题是他已经分享他的玩具足够长的时间了，现在只是想把玩具要回来，但你却认为问题是抢玩具，那你们俩就会朝着不同的目标努力。

一旦你搞清楚了孩子对问题的看法，就要努力克制自己，不要把问题的重点转移到符合你的需要上来。例如，如果家长已经认识到问题是孩子认为他已经分享玩具足够长的时间，却依然一门心思地给孩子上分享的课，那孩子就会抗拒寻找解决问题的办法。

### 2. 要记住，是孩子而不是大人必须要解决问题

要让你的孩子思考。你只应该提问，引出孩子的看法，是什么导致了问题的产生，她和其他人对这种情况有什么感觉，对如何解决问题她有什么想法，以及如果她把想法付诸实施，她认为

可能会发生什么。最重要的是，要避免告诉孩子该做什么或不该做什么。

### 3. 把重点放在思考过程上，而不是具体的结论上

"我能解决问题"方法的目的，是教给孩子一种能帮助他们处理一般人际问题的思考方式。如果你对孩子的想法做出价值判断，你就是在强调你对问题的看法。哪怕是赞扬一个解决办法，都可能会抑制孩子进一步思考其他解决办法。而批评会让孩子不愿意再自由地说出内心的想法。在这两种情况下，孩子都会从思考解决办法和考虑后果，转向选择一种能获得你的赞同的做法。这可能会满足你当时的需要，但却妨碍了孩子自由思考问题以及自己决定该做什么、不该做什么的过程。

＊　　　＊　　　＊

我知道，"我能解决问题"对话并不总是能够很容易就学会，这是跟孩子谈话的一种新方式，需要时间和不断的练习才能成为习惯。因此，我才一章一章地慢慢加入对话的各个部分，以便你能一步一步地练习这个方法，最后把这个方法综合起来。

另外，还要记住，我并不是在建议你每次跟孩子谈话的时候都采用"我能解决问题"的对话方式，那样会很不自然。但是，当你的孩子遇到日常问题时，你会发现这种对话会派得上用场。

## 孩子与孩子之间问题的更多对话范例

下面的对话范例会帮助你在平时练习"我能解决问题"对话，以便这个思考过程最终成为你和孩子的本能反应。

## 好斗

**"我不喜欢你。"**

*家长：* 怎么了？你为什么踢玛丽？

*孩子：* 我不喜欢她。

*家长：* 你踢玛丽的时候，你觉得她会有什么感觉？

*孩子：* 生气。

*家长：* **如果**你踢她，**可能**会发生什么事？

*孩子：* 我可能会伤到她。

*家长：* 你能不能想个**不同**的做法，既不会伤到玛丽，也不会让她**生气**？

*孩子：* 我只能离她远点儿。

*家长：* 这是个**不同**的主意。你为什么不试试呢？

## 损坏别人的东西

**"因为我很生气。"**

*家长：* 丹尼斯，你为什么撕碎妹妹的书？

*孩子：* 因为我生她的气。

*家长：* 你为什么生她的气？

*孩子：* 因为她说我愚蠢。

*家长：* 发生了什么事？

*孩子：* 我不想跟她玩儿，她是女孩。

*家长：* 你跟她说了吗？

*孩子：* 说了。

*家长：* 当你那么说的时候，你觉得她会有什么感觉？

*孩子：* 不高兴。

*家长：* 你觉得那是她**为什么**说你愚蠢的原因吗？

*孩子：* 是的。

*家长：* 如果你现在不想跟她玩儿，那你想想能不能说点别的，让她不会因为感到不高兴而骂你呢？

*孩子：* 我可以叫她走开。

*家长：* 你可以那么说。如果你那么说了，**可能**会发生什么？

*孩子：* 她可能会哭。她是个爱哭鬼。

*家长：* 她**可能**会哭。你还能做点别的或说点别的吗？

*孩子：* 我不知道。

*家长：* 好吧，你再想想。现在说说她的书。你把她的书撕碎了，对这件事，你打算怎么办？

*孩子：* 我可以跟她说声对不起。

*家长：* 你还能做什么呢？

*孩子：* 把我的书拿给她一本。

*家长：* 好的，为什么不试试呢，看看会发生什么。


## 抢东西


### "把那个给我！"

*家长：* 发生什么事了？怎么了？

*孩子：* 我想玩卡车。

*家长：* 当你抢的时候，你觉得杰弗里会有什么感受？

*孩子：* 生气，可是我不在乎，我想要卡车。

*家长：* 当你抢卡车的时候，杰弗里做了什么？

*孩子：* 他打我。

*家长*：那让你有什么感觉？

*孩子*：生气。

*家长*：那么，现在你很**生气**，杰弗里也很**生气**，并且他还动手打了你。你能想个**不同**的办法既能轮到你玩卡车，又能让你们俩都不**生气**，而且杰弗里还不会打你吗？

*孩子*：我可以请他把卡车给我。

*家长*：如果你那么做，**可能**会发生什么？

*孩子*：他会说不。

*家长*：**或许**吧。你还能做什么来得到卡车呢？

*孩子*：我可以拿我的恐龙跟他交换。

*家长*：**如果**你那么做，**可能**会发生什么？

*孩子*：我想他会说好的。

*家长*：为什么不试试呢？


## 不耐烦


### "我想现在玩儿。"

*孩子*：蕾妮不肯跟我玩儿。

*家长*：你怎么知道她不肯？

*孩子*：她这么说的。

*家长*：她说了什么？

*孩子*：她说她想要看书。

*家长*：哦，她**现在**想做**不同**的事情。或许等她看完书以后就会跟你玩儿了。

*孩子*：可是我想现在玩儿。

*家长*：你想要**所有**的时间都跟蕾妮玩儿，**还是一些**时间跟她

玩儿?

　　*孩子：* 一些时间。

　　*家长：* 你觉得蕾妮能把**所有**的时间都用来陪你玩儿吗?

　　*孩子：* 不能。

　　*家长：* 蕾妮现在正在看书，你**现在**能想点**不同**的事情来做吗?

　　*孩子：* 不能。

　　*家长：* **如果**蕾妮在你忙着的时候打搅你，你会有什么感觉?

　　*孩子：* 生气。

　　*家长：* 如果你**现在**不让蕾妮看书，那么你觉得她会有什么感觉?

　　*孩子：* 生气。

　　*家长：* **如果**你**现在**能想点别的事情去做，**那么**蕾妮就不会生气了。她**现在**真的很想看书。

　　*孩子：* 我可以玩拼图。

　　*家长：* 这是你**现在**可以做的事。

## 感到不被接纳

### "没有人愿意跟我玩儿。"

　　*孩子：* 罗比和德里克不肯跟我玩儿。

　　*家长：* 他们在做什么?

　　*孩子：* 他们是牛仔，他们把我赶走了。

　　*家长：* 你想玩他们的游戏?

　　*孩子：* 是的。

　　*家长：* 你对他们说了什么?

　　*孩子：* 我也是一个牛仔。

　　*家长：* 然后发生了什么?

*孩子*：德里克说："你太小了，不能玩儿。"

*家长*：然后你做了什么？

*孩子*：什么也没做。

*家长*：你能想个**不同**的做法或说法叫他们让你玩儿吗？

*孩子*：我可以说："我是一个大牛仔。"

*家长*：**如果**你那么说了，**可能**会发生什么？

*孩子*：他们会说："不，你不是。"

*家长*：他们**可能**会那么说。你还能说什么或做什么？

*孩子*：我可以告诉他们印第安人来了，我可以帮着他们抓。

*家长*：这是个**不同**的主意。把这些想法都试试，看看会发生什么。

## 分享

**"他从不分享。"**

*家长*：出什么问题了？

*孩子*：保罗从不分享，所以我拿了他的蜡笔。

*家长*：你拿了他的蜡笔之后发生了什么？

*孩子*：他哭了。

*家长*：当时保罗有什么感觉？

*孩子*：伤心。

*家长*：你对他的不分享有什么感觉？

*孩子*：生气！

*家长*：拿是得到蜡笔的一种途径。你能想个**不同**的办法，既能使保罗不**伤心**，而你又不会**生气**吗？

*孩子*：我可以问他要。

*家长*：这是个不同的想法。去试试。

*孩子*：（对保罗）我可以用用你的蜡笔吗？

保罗：不行。

家长：哦，这个主意行不通。你能再想个办法吗？

孩子：（对保罗）我可以让你玩我的新货车。

保罗：好的。

家长：你想出了一个**不同**的办法，对此你有什么感觉？

### "我先拿到的。"

家长：发生了什么事？

莎拉：我先拿到的。

黛比：不是，是我先拿到的。

家长：莎拉，当黛比从你手中抢东西的时候你有什么感觉？

莎拉：生气。

家长：黛比，当莎拉从你手中抢东西的时候你有什么感觉？

黛比：生气。

家长：现在你们两个都很生气。拉扯布娃娃是你们得到它的一种途径。当你们拉扯布娃娃时，接下来发生了什么？

黛比：我们开始争吵。

家长：你们俩谁能想出一个**不同**的办法，可以使你们两个都不会生气也无需打架吗？

莎拉：我们可以握手。

黛比：我们可以一起玩儿。

家长：你们为什么不试试这些办法呢？

## 总结：孩子与孩子之间的问题

不管是什么问题，下面的问题都是"我能解决问题"对话的基础：

1. "发生了什么事?""怎么了?"(有时候你也可以加一句:"因为这会帮助我更好地理解问题所在。")

2. "(另一个孩子)有什么感觉?"

3. "你有什么感觉?"

4. "你能想个不同的办法来解决这个问题,使你们两个都不会生气(或者他就不会打你,等等)吗?"

5. "这是不是个好主意?"

6. (如果是个好主意)"去试试。"

7. (如果不是好主意)"哦,你得想个不同的办法。"

## 家长与孩子之间的问题

家长与孩子之间的问题,是指发生在作为家长的你和孩子之间的问题。这些问题经常是管教孩子时出现的,如果用"我能解决问题"思考程序来处理,往往就不再需要指责和惩罚了。

在遇到管教问题时,家长有时会忘记用"我能解决问题"方法来处理问题。例如,你是否曾经听到过:

*家长:*你去哪儿了?我让你放学后马上回家的。

*孩子:*我忘了。

*家长:*你知不知道我担心死了?

*孩子:*对不起。

*家长:*再也不要这样了,否则你会遇到大麻烦!

(这个家长由于担心、欣慰和恼怒的缘故,其行为完全是可以理解的,但她忘了"我能解决问题"方法。)

让我们再试试这个——一种能解决问题的方式:

## 关于忘事的对话

*家长:* 当我不知道你去哪儿时,你觉得我会有什么感觉?

*孩子:* 担心,或许还生气。

*家长:* 你怎么做才能让我不担心,并知道你在哪儿呢?

*孩子:* 我可以给你打电话。但是,我害怕你会说让我立刻就回家。

*家长:* 我可能会那么说。但是,你为什么认为我不知道你在哪儿时想让你给我打电话呢?

*孩子:* 这样你就不用担心了。

*(家长帮助孩子跳出自己的观点来看待问题,从而理解父母也有情绪。)*

## 家长与孩子之间问题的对话原则

当你运用"我能解决问题"方法来解决发生在你的孩子跟你之间的问题时,要记住下面这两条原则:

### 1. 帮助孩子理解你对问题的感受

孩子需要知道,你为什么不能总是马上满足他们的愿望,以及当他们不听话或者拒绝你的要求或者打碎东西时你为什么会生气。不要告诉他们你有什么感受,而要鼓励他们考虑你的感受,可以问这样一些问题:"你认为我为什么不能给你买这个玩具?"或者"当你把客厅搞得一团糟时,你认为我为什么生气?"

### 2. 帮助孩子理解最终目标并不是总有商量余地

有时候，在教育孩子时你的目标是没得商量的。当你想让孩子停止嬉闹并准备上学时，那就是最重要的事，"我能解决问题"方法不是孩子可以用来改变你的想法的平台。但是，即使是在孩子无法选择最终结果的情况下，"我能解决问题"方法也可以引导孩子思考如何实现最终结果。

有时候，孩子可以运用"我能解决问题"方法来思考如何去做对你很重要的事情，以及你对这些事情的看法。例如，在孩子把房间搞得乱七八糟的情景中，你希望孩子收拾房间，是否要收拾房间就不是一个问题，怎样收拾才是问题。你可以问孩子，他愿不愿意先把所有的玩具收起来，然后在晚饭后再把衣服收起来。他可能会选择把玩具堆在壁橱里的地板上，而不是靠墙的架子上。"我能解决问题"方法允许孩子思考如何在你允许的范围内，能有一定的自由去实现某个既定目标。

还有一些时候，显然是毫无选择的余地。例如，如果你希望你的孩子系上安全带，同样，问题不是她要不要系上安全带，而是她如何看待系安全带的必要性。"我能解决问题"方法能帮助你提出问题，引导孩子自己认识到为什么必须扣好安全带。不要说："系上安全带，因为如果不系的话，你可能会受伤。"你可以问："如果你**不**系上安全带，**可能**会发生什么？"

在下面的对话中，你会注意到，有些家长运用了"我能解决问题"对话的全部四个步骤，而在有些情况下，有些家长并没有问孩子："你能想个**不同**的做法吗？"这是因为，在这些情况下没有其他可行的选择。这些对话只是用来帮助孩子思考问题对每个人有怎样的影响。

# 家长与孩子之间问题的更多对话范例

## 就寝时

### "我不想去睡觉!"

*家长*：该睡觉了。

*孩子*：我不想去睡觉!

*家长*：你觉得为什么你必须**现在**去睡觉，而不是**稍后**?

*孩子*：我不知道。

*家长*：**如果你稍后**再睡，**可能**会发生什么?

*孩子*：明天我可能会感到疲倦。

*家长*：**如果**明天你感到疲倦，**可能**会发生什么?

*孩子*：在学校里就会表现不好。

*家长*：**如果**你醒来的时候感到疲倦，而且在学校表现不好，你会有什么感觉?

*孩子*：糟糕。

*家长*：那么现在去睡觉是**合适的时间**，还是**不合适的时间**?

## 买玩具

### "我还想要一个!"

*孩子*：我想要那个卡车。

*家长*：你过生日的时候我给你买的那个卡车怎么了?

*孩子*：坏了——我想再要一个!

*家长*：怎么坏的？

*孩子*：我卸掉了轮子。

*家长*：你为什么那么做？

*孩子*：我想那么做。

*家长*：我花很多钱给你买玩具，你就那样把它弄坏了，你觉得我有什么感觉？

*孩子*：生气。

*家长*：你觉得你该得到这个卡车吗？

*孩子*：该。

*家长*：为什么？

*孩子*：因为我想要。

*家长*：你能做什么让我给你再买一个卡车？

*孩子*：不弄坏它。

*家长*：我怎么知道你不会弄坏它？

*孩子*：我再也不弄坏任何玩具了。

*家长*：你要用**同样**的方式还是**不同**的方式来玩玩具呢？

*孩子*：不同的方式。

*家长*：你要怎么玩呢？

*孩子*：我不会卸掉轮子，而且我不会扔玩具了。

*家长*：好吧。当你向我证明你不会再弄坏玩具时，我们再来谈这个卡车的问题吧。


**"我能要……吗？"**

*孩子*：我能要这个会说话的布娃娃吗？

*家长*：埃里卡，你知道每次我买东西的时候都不得不带着你。**如果**你每次想要昂贵玩具的时候我都买给你，那么我的钱**可能**会怎样？

*孩子*：你会没钱了。

*家长*：是的，**可能**会那样。

*孩子：* 我能要这个吗？（拿起一个小饰物）

*家长：* 可以，你可以拿那个，那个没多少钱。

## 打扫卫生

### "我非得做吗?"

*家长：* 乔安，我让你打扫房间，可房间里还是乱七八糟的。

*孩子：* 哦，我非得打扫吗？

*家长：* 你把房间弄得这么乱，你认为我有什么感觉？

*孩子：* 生气。

*家长：* 你知道我为什么会生气吗？

*孩子：* 因为你总是叫我把房间打扫干净？

*家长：* 是的，但是你知道我为什么要你的房间干干净净吗？

*孩子：* 我不知道。

*家长：* 那么，猜猜看。你能想出我希望你的房间干净的理由吗？

*孩子：* 因为你喜欢东西看起来漂亮？

*家长：* 这是一个理由。还能想个**不同**的理由吗？

*孩子：* 因为要是房间干净整齐的话，你穿过房间的时候就不会踩到东西上？

*家长：* 是的。当你的房间干净整齐时，你有什么感觉？

*孩子：* 我喜欢。

### "让他帮我!"

*家长：* 多萝西，你刚才在玩这些玩具吗？

*孩子：* 布莱恩也玩儿了。

*家长：* 你和布莱恩一起玩儿的吗？

*孩子：* 是的。

家长：布莱恩一个人把这些玩具捡起来，而你却一个也**不捡**，这**公平**吗？

孩子：不公平。

家长：要是**所有**的玩具都让你来捡，而布莱恩却**不捡**，这**公平**吗？

孩子：不公平。

家长：**什么**是**公平**的？

孩子：布莱恩应该帮忙捡，但是他不肯。

家长：你能想个办法让布莱恩帮你捡玩具吗？

孩子：我可以请他帮我捡。

家长：这是一个主意。**如果**你那么做了，**可能**会发生什么？

孩子：他会说不。

家长：**可能**会那样。**如果**他说不，你还能做什么？

孩子：打他。

家长：你可以打他。然后**可能**会发生什么呢？

孩子：我们会打架。

家长：**或许**你们会打架。你能想第三个**不同**的办法吗？

孩子：你可以让他帮我捡。

家长：我可以让他帮你捡，但是我不在的时候，这个办法就不管用了。你还能想个**不同**的办法吗？

孩子：我可以跟他说以后我再也不跟他玩儿了。

家长：那是个好主意吗？

孩子：是的。

家长：**为什么？**

孩子：因为那样他就会帮我捡。

家长：**也许吧**。你为什么不试试呢？

## 吃饭

### "我不饿。"

家长：怎么了？你为什么不吃饭？

孩子：我不饿。

家长：你**为什么**不饿？

孩子：我不知道。

家长：刚才你吃饼干了吗？

孩子：吃了，因为我饿了。

家长：你晚饭前吃饼干，然后不肯吃这些营养丰富的饭菜，你觉得我会有什么感觉？

孩子：生气。

家长：当你的身体吸收不到食物的营养时，你觉得它会怎么样？

孩子：生病？

家长：**可能**会。你能做什么让我不生气，而你也不会生病呢？

孩子：要是我只吃一点饭，可以吗？

家长：你可以那么做。下一次你还可以做什么？

孩子：晚饭前不吃饼干。

### "我不喜欢吃蔬菜。"

家长：怎么了？你为什么不吃胡萝卜？

孩子：我不喜欢吃蔬菜。

家长：我以为你喜欢呢，你一直把胡萝卜当零食吃。

孩子：但是那些没煮过，不像这些烂兮兮的。

家长：唔，你能想个办法在晚饭时吃一种蔬菜吗？

*孩子：* 我可以从冰箱里拿一个没煮过的来吃。

*家长：* 这是个好办法吗？

*孩子：* 是的，因为生胡萝卜也很有营养。

*家长：* 好的，生胡萝卜也是蔬菜。

## 不负责任的行为

### "我忘了。"

*家长：* 谢丽尔，我不是叫你把玩具捡起来的吗？

*孩子：* 我忘了。

*家长：* 地板上是你放玩具的好地方吗？

*孩子：* 不是。

*家长：* **如果**你把它们丢在那儿，**可能**会发生什么？

*孩子：* 有人可能会被绊倒。

*家长：* 然后**可能**会发生什么？

*孩子：* 他们可能会受伤？

*家长：* **如果**有人受伤，我们大家会有什么感觉？

*孩子：* 伤心——还有生气。

*家长：* 你能想个**不同**的地方来放这些玩具，这样既没有人被绊倒，也没有人受伤吗？

*孩子：* 我可以把它们放在我的房间里。

*家长：* 好主意。你可以决定把它们放在你房间里的任何地方。

## 说谎

### "他干的。"

*家长：* 杰西卡，发生什么事了？这个花瓶怎么碎了？

*孩子：* 基思干的。

*家长：* 哦，你知道是怎么一回事吗？

*孩子：* 他撞倒了花瓶。

*家长：*（知道事情原本不是这样的）我会跟他谈谈。我真伤心，他会这么不小心。

*孩子：* 妈妈，是我干的，不要骂基思。

*家长：* 你为什么跟我说是基思干的？

*孩子：* 我害怕。

*家长：* 我明白了。告诉我是怎么回事。

*孩子：* 我撞倒了它。

*家长：* 你在做什么？

*孩子：* 玩儿。

*家长：* 你是在花瓶旁边玩儿吗？

*孩子：* 是的。

*家长：* 我很高兴你跟我说了实话。现在你能做些什么？

*孩子：* 我可以帮你换个新的。

*家长：* 是的，你可以那么做。下次你在易碎物品附近玩儿的时候，你会怎么想？

*孩子：* 我不会在那儿玩儿。

## 寻求关注的行为

### "现在给我读。"

*孩子：* 你给我读这个故事好吗？

*家长：* 我**现在**正忙着做晚饭呢。等我把这个放到烤箱里，然后再给你读。

*孩子：* 你为什么不能现在就给我读？

*家长：* **因为**我想在六点钟吃晚饭，这道菜必须**现在**放进烤箱里。你能想点**不同**的事情来做吗，等我忙活完了？

*孩子：* 不。

*家长：* 你在故意逗我。你能想点别的事情去做吗？

*孩子：* 我可以看这本书中的图画。

*家长：* 这是你可以做的一件事情。

*孩子：* 然后，我会看电视。

*家长：* 你想了两件事情去做。等我忙完了，如果你还想让我给你读故事，来告诉我，好吗？

*孩子：* 好的。

## 损坏物品

**"我不会洒出来的。"**

*家长：* **如果**你在客厅里玩水，**可能**会发生什么？

*孩子：* 不会有事。我不会洒出来的。

*家长：* **或许**你不会洒出来，但还**可能**会发生什么？

*孩子：* 唔，可能会洒出来。

*家长：* 如果你把水洒在这里，我会有什么感觉？

*孩子：* 生气。

*家长：* **为什么**你觉得我会生气？

*孩子：* 因为会弄脏地毯。

*家长：* 你能想个**不同**的地方去玩水吗，这样水就不会洒出来了？

*孩子：* 水槽里。

*家长：* 那是个好地方吗？

*孩子：* 是的，因为水会流到水槽下面。

*家长：* 你能想出第二个**不同**的好地方吗？

孩子：外面。

家长：你可以选择这两个地方中的任一个去玩水。

## 旅行

### "不要踢我！"

孩子1：让他别踢我。

孩子2：哦，别跟个小孩子似的，我什么也没对你做。

家长：当我专心开车而你们两个却争吵不休时，你们认为我会有什么感觉？

孩子1：生气。

家长：**如果**我不停地回头制止你们吵架，**可能**会发生什么？

孩子2：你可能会出意外。

家长：如果我**因为**你们吵架出了意外，你们会有什么感觉？

孩子2：愧疚。

家长：你们能做什么既能让我不**生气**，我又不会出意外呢？

### "我不想系安全带。"

家长：系上安全带。

孩子：我不想系。

家长：你为什么不想系上安全带？

孩子：因为我不喜欢。

家长：你认为你为什么必须系安全带？

孩子：因为如果我们出了事故，我会受伤。

家长：**如果**我们出了事故，你**因为**没有系安全带而受伤了，你认为你会有什么感觉？

孩子：伤心，疼。

## 想法、时间或地点问题

在每天的日常生活中，孩子常常会因不正确的想法，或者选择的时间或地点不合适而做出不恰当的事情来，比如在屋子里四处乱跑。遇到这样的情况，运用"我能解决问题"方法，往往就能避免许多潜在的问题，帮助孩子思考他们的行为。你有没有听过：

*家长：* 林伍德，不要把绳子系在门口！没有人能进出了。
*孩子：* 对不起。
*家长：* 你是怎么回事？你知道那不是玩绳子的好地方。

（这个家长解释了后果，但是没有帮助林伍德明确潜在的问题。）

让我们再试试一种解决问题的方式：

*家长：* 林伍德，那是系绳子的好地方吗？
*孩子：* 我想不是。
*家长：* **如果**你把绳子拦在门口，**可能**会发生什么事？
*孩子：* 没有人能进屋了。
*家长：* **如果**他们不能进屋，他们**可能**会有什么感觉？
*孩子：* 生气。
*家长：* 你能想个不同的地方系绳子吗？
*孩子：* 我房间的门上。

（林伍德在门口系绳子的动机不是不让家人进出屋子，他只是想练习系绳子。妈妈没有因为儿子根本没打算做的事情而责备他。）

# 想法、时间或地点问题的其他对话范例

一旦你的孩子养成了"我能解决问题"的思考习惯，你会发现，你甚至不需要运用完整的"我能解决问题"对话。例如，一天上午，埃迪把手放进了妈妈正用打蛋器准备早餐的碗里。妈妈停止了搅拌，问道："这是你放手的好地方吗？"埃迪运用了"我能解决问题"的思考方式，回答说："不是，因为我可能会受伤。"接着把手从碗里拿开了。埃迪的妈妈不需要使用包括感受、办法和后果的完整的对话。埃迪知道这些。为了迅速提醒孩子运用"我能解决问题"方法进行思考，你可以在很多种情况下问两三个同样的问题：

**当孩子在墙上（桌上、地板上，等等）画时**

"那是画画的好地方吗？"

"为什么那里**不**是好地方？"

"哪里**是**画画的好地方？"

**当孩子把玩具丢在不安全的地方时**

"这里是放玩具的好地方吗？"

"哪里**是**放玩具的好地方？"

**当天冷孩子穿着不合适时**

"不穿靴子到外面雪地里去是个好主意吗？"

**"为什么不是？因为_____。"**

"要去外面雪地里，你还需要穿上什么？"

**当孩子在屋里四处乱跑时**

"在屋子里跑是个好主意吗？"

"**如果**你在屋子里跑，**可能**会发生什么？"

"当你待在屋子里时，你能想件**不同**的事情去做吗？"

**当孩子打断你时**

"现在跟我说话是**合适的时间**吗？"

"我能**同时**跟你说话和跟＿＿＿＿＿说话吗？"

"你在等着的时候能做些什么呢？"

**当孩子在好衣服上画画时**

"在你的好衣服上画画是个好主意吗？"

"**如果**你在好衣服上画画，**可能**会发生什么？"

"你能做什么，才能使你的衣服**不会**（重复孩子的回答）？"

**当孩子骑自行车太快时**

"骑得太快是个好主意吗？"

"**如果**你骑得太快，**可能**会发生什么？"

"你能想个**不同**的方式骑自行车吗？"

**当孩子在不适宜的情况下拿剪刀时**

"走路时拿着剪刀这个做法好吗？"

"你能想个**不同**的方式拿剪刀吗？"

**当孩子站得离其他打球的孩子太近时**

"那是站的好地方吗？"

"你能想个**不同**的地方去站吗?"

## 当孩子的脚放到家具上时

"那是搁脚的好地方吗?"

"你能想个**不同**的地方放脚吗?"

## 当孩子在门前玩耍时

"那是玩儿的好地方吗?"

"你能想个**不同**的地方去玩儿吗?"

## 当孩子骂其他孩子时

"那是个好主意吗?"

"你觉得你那么做时他会有什么感受?"

"接下来**可能**会发生什么?"

合适的时间,恰当的地点,不错的主意。一旦你的孩子理解了"我能解决问题"的思考方式,你可以只问两三个问题,就能避免许多潜在的问题。这些提问还可以帮助你的孩子练习思考后果——很快,你甚至就会听到你那个解决问题的小专家向朋友显摆他的思考技巧。这正是玛丽把"我能解决问题"方法引入家里几个月之后发生的事情。一天晚上,她无意间听到4岁的亚历克斯对他的一个朋友大声喊道:"那不是放自行车的好地方,因为可能会被小汽车撞到。"

"噢,"玛丽心想,"现在亚历克斯真的是个解决问题小专家了。"

# 常见问题

## 孩子与孩子之间

## 家长与孩子之间

# 附录 1

## 自我评价表

每过一段时间，你可能会问自己："我做得如何？""我能解决问题"技巧需要你在以后跟孩子不断使用，然而，可能有时候你会忘了这种方式，告诉孩子如何解决一个问题，而不是让他们自己思考如何解决问题。下面的自我评价表可以方便、快捷地评估你对"我能解决问题"技巧的使用情况。

如果你发现自己对下面 1、2、3 条的回答是"是"，那么你可能还需要更多地练习"我能解决问题"对话，鼓励孩子思考问题，而不是由你告诉他如何解决问题。当你能做到下面第 4 条时，你就正在成为一名"我能解决问题"的家长。

今天（或这个星期）当我跟孩子说话时，我：

**1. 要求、命令或者贬低。**

例子：

"坐下！"
"你不能那么做！"
"你知道你不应该_____。"
"我告诉过你多少次_____？"

**2. 不解释，就提出了建议。**

例子：

"你不能随便动手打小孩子。"

"你为什么不请他给你呢?"

"小孩子必须学会分享。"

3. 提了建议,并且有解释,包括谈感受。

例子:

"**如果**你打人,你**可能**会失去一个朋友。"

"**如果**你抢,那么她就不会再让你玩她的玩具。"

"你不该那么做。那**不公平**。"

"**如果**你那么做,会让他**生气**的。"

4. 指导孩子思考感受、考虑解决办法和后果。

例子:

"有什么问题吗?"

"当_____时,你认为你的朋友会有什么感觉?"

"**如果**_____,**可能**会发生什么?"

"你能做什么让那种情况**不出现**呢?"

"你觉得那**是不是**一个好主意呢?"

"你能想个**不同**的办法吗?"

# 附录2

## 给你和你的孩子：需要思考的事情

在你的孩子学习"我能解决问题"方法的过程中，你会发现，你将开始重新审视你与他们相处的方式。下面是一些很有趣的练习，来帮助你思考你跟孩子之间的特殊关系。

## 态度

### 开心、伤心、生气

1. 孩子做什么或说什么会让你感到：

   开心？

   伤心？

   生气？

2. 为什么（问题1的答案）会让你感到：

   开心？

   伤心？

   生气？

3. 你做什么或说什么可能会让孩子感到：

   开心？

   伤心？

   生气？

4. 为什么（问题3的答案）可能会让你的孩子感到：

开心？

伤心？

生气？

## 当……的时候

你能否想起以下这些时刻：

1. 你和孩子对某件事有**同样**的感受？
2. 你和孩子对同一件事有**不同**的感受？
3. 你认为孩子喜欢做一件事情，而事实上孩子并**不喜欢**？
4. 孩子认为你喜欢做一件事情，而事实上你并**不喜欢**。
5. 你通过观察孩子做什么事情，发现了他或她喜欢的事情？
6. 你通过听到孩子说什么，发现了他或她喜欢的事情？
7. 你通过询问知道了孩子喜欢什么？

## 更多的观点

### 骄傲、沮丧

想想以下时刻：

1. 你为孩子感到**骄傲**。
2. 你为自己感到**骄傲**。
3. 你觉得孩子为自己感到**骄傲**。
4. 你觉得孩子为你感到**骄傲**。（你是怎么知道孩子有这种感觉的？）
5. 你对孩子感到**沮丧**。
6. 你自己为某件事感到**沮丧**。

7. 你觉得孩子感到**沮丧**。（你是怎么知道孩子有这种感觉的?）

8. 你觉得孩子对你感到**沮丧**。（你是怎么知道孩子有这种感觉的?）

## 合适的时间/不合适的时间

想想以下时刻:

1. 孩子挑了个**不合适的时间**来要求做一件事，例如：当你

很忙的时候
很疲倦的时候
生病的时候
心情不好的时候

2. 孩子等到**合适的时间**来要你做一件事。

3. 你挑了个**不合适的时间**要孩子做一件事。

### 不同的方式：实际问题

这个练习的目的是进一步学习跟孩子使用"我能解决问题"对话。

想想最近跟孩子处理过的实际问题:

1. 当问题出现时，你实际上最先说了或做了什么?

2. 接下来发生了什么? 当你那么说或做了之后，孩子说或做了什么?

3. 接下来你做或说了什么?

继续思考从问题出现到解决问题的过程中，实际上说的或做

的每一件事情。

现在思考下面的问题：

1. 你从孩子那里知道了所有事实吗？

2. 当问题出现时，你发现了孩子的感受吗？（你是如何发现的？）

3. 你能想个不同的办法来处理同一个问题吗？当孩子那么说或做了之后，你还可以说或做点什么？

## 发现

要定期测试"我能解决问题"方法对作为家长的你的效果如何。问问自己能否想起这样的时刻：

1. 你通过以下方式看出了孩子的一个问题：

观察，没有倾听或询问。

倾听，没有观察或询问。

询问，没有观察或倾听。

以上两种或所有三种方式。

2. 你通过"我能解决问题"对话知道了原本不知道的孩子的一件事情。

3. 孩子遇到了一个问题，你原本以为你知道问题是什么，但是运用了"我能解决问题"对话后，你发现实际上是不同的问题。

# 附录 3

你或许想复制这些孩子与孩子之间和父母与孩子之间问题的对话提示，把它们贴在容易看到的地方，例如家里的冰箱上。当真实的问题出现时，它们可以帮助你回忆如何运用"我能解决问题"的方式跟孩子交谈。当然了，这些只是参考，但它们可以提醒你使用这种新方法。

---

### 孩子与孩子之间的问题

· "发生了什么事？""出了什么问题？"

· "＿＿＿＿＿＿＿＿会有什么感觉？"

· "你有什么感觉？"

· "你那么做之后，发生了什么？"

· "那让你有什么感觉？"

· "你能想个**不同**的办法来解决这个问题吗（这样你们俩都不会生气，他也不会打你，等等）？"

· "**这是不是一个好主意？**"

如果是个好主意："去试试吧。"

如果不是一个好主意："哦，你得想个**不同**的办法。"

---

**父母与孩子之间的问题**

· "我能**同时**跟你说话和跟＿＿＿＿＿＿说话吗?"

· "现在是跟我（跟＿＿＿＿＿＿）说话的**合适的时间**吗?"

· "你能想个**合适的时间**跟我（跟＿＿＿＿＿）说话吗?"

· "这是画画（搁食物，站，等等）的**好地方**吗?"

· "你能想个＿＿＿＿＿＿的**好地方**吗?"

· "当你不听话、乱扔食物、打断我的时候，你觉得我有什么感受?"

· "你**现在**能想点**不同**的事情去做吗，直到（你可以用手指画画，我可以帮你的时候，等等)?"

# 《如何培养孩子的社会能力（Ⅱ）》

## 教 8 ～ 12 岁孩子学会解决冲突和与人相处的技巧

**全美畅销书《如何培养孩子的社会能力》作者的又一部力作！**
**让怯懦、内向的孩子变得勇敢、开朗！**
**让脾气大、攻击性强的孩子变得平和、可亲！**
**培养一个快乐、自信、社会适应能力强、情商高的孩子**

［美］默娜·B.舒尔 著
刘荣杰 译
北京联合出版公司
定价：35.00 元

8 ～ 12 岁，是孩子进入青春期反叛之前的一个重要时期，是孩子身体、行为、情感和社会能力发展的一个重要分水岭。同时，这也是父母的一个极好的契机——教会孩子自己做出正确决定，自己解决与同龄人、老师、父母的冲突，培养一个快乐、自信、社会适应能力强、情商高的孩子——以便孩子把精力更多地集中在学习上，为他们期待而又担心的中学生活做好准备。

本书详细、具体地介绍了将"我能解决问题"法运用于 8 ～ 12 岁孩子的方法和效果。

# 《孩子，把你的手给我》

## 与孩子实现真正有效沟通的方法

**畅销美国 500 多万册的教子经典，以 31 种语言畅销全世界**
**彻底改变父母与孩子沟通方式的巨著**

［美］海姆·G.吉诺特 著
北京联合出版公司
定价：32.00 元

本书自 2004 年 9 月由京华出版社自美国引进以来，仅依靠父母和老师的口口相传，就一直高居当当网、卓越网的排行榜。

吉诺特先生是心理学博士、临床心理学家、儿童心理学家、儿科医生；纽约大学研究生院兼职心理学教授、艾德尔菲大学博士后。吉诺特博士的一生并不长，他将其短短的一生致力于儿童心理的研究以及对父母和教师的教育。

父母和孩子之间充满了无休止的小麻烦、阶段性的冲突，以及突如其来的危机……我们相信，只有心理不正常的父母才会做出伤害孩子的反应。但是，不幸的是，即使是那些爱孩子的、为了孩子好的父母也会责备、羞辱、谴责、嘲笑、威胁、收买、惩罚孩子，给孩子定性，或者对孩子唠叨说教……当父母遇到需要具体方法解决具体问题时，那些陈词滥调，像"给孩子更多的爱"、"给她更多关注"或者"给他更多时间"是毫无帮助的。

多年来，我们一直在与父母和孩子打交道，有时是以个人的形式，有时是以指导小组的形式，有时以养育讲习班的形式。这本书就是这些经验的结晶。这是一个实用的指南，给所有面临日常状况和精神难题的父母提供具体的建议和可取的解决方法。

——摘自《孩子，把你的手给我》一书的"引言"

# 《孩子，把你的手给我（Ⅱ）》

## 与十几岁孩子实现真正有效沟通的方法

**《孩子，把你的手给我》作者的又一部巨著**
**彻底改变父母与十几岁孩子的沟通方式**

　　本书是海姆·G·吉诺特博士的又一部经典著作，连续高踞《纽约时报》畅销书排行榜25周，并被翻译成31种语言畅销全球，是父母与十几岁孩子实现真正有效沟通的圣经。

　　十几岁是一个骚动而混乱、充满压力和风暴的时期，孩子注定会反抗权威和习俗——父母的帮助会被怨恨，指导会被拒绝，关注会被当做攻击。海姆·G·吉诺特博士就如何对十几岁的孩子提供帮助、指导、与孩子沟通提供了详细、有效、具体、可行的方法

[美] 海姆·G·吉诺特　著
张雪兰　译
北京联合出版公司
定价：26.00 元

# 《孩子，把你的手给我（Ⅲ）》

## 老师与学生实现真正有效沟通的方法

**《孩子，把你的手给我》作者最后一部经典巨著**
**以31种语言畅销全球**
**彻底改变老师与学生的沟通方式**
**美国父母和教师协会推荐读物**

　　本书是海姆·G·吉诺特博士的最后一部经典著作，彻底改变了老师与学生的沟通方式，是美国父母和教师协会推荐给全美教师和父母的读物。

　　老师如何与学生沟通，具有决定性的重要意义。老师们需要具体的技巧，以便有效而人性化地处理教学中随时都会出现的事情——令人烦恼的小事、日常的冲突和突然的危机。在出现问题时，理论是没有用的，有用的只有技巧，如何获得这些技巧来改善教学状况和课堂生活就是本书的主要内容。

　　书中所讲述的沟通技巧，不仅适用于老师与学生、家长与孩子之间的交流，而且也可以灵活运用于所有的人际交往中，是一种普遍适用的沟通技巧。

[美] 海姆·G·吉诺特　著
张雪兰　译
北京联合出版公司
定价：35.00 元

# 《0～3岁孩子的正面管教》

## 养育0～3岁孩子的"黄金准则"

**家庭教育畅销书《正面管教》作者力作**

从出生到3岁，是对孩子的一生具有极其重要影响的3年，是孩子的身体、大脑、情感发育和发展的一个至关重要的阶段，也是会让父母们感到疑惑、劳神费力、充满挑战，甚至艰难的一段时期。

正面管教是一种有效而充满关爱、支持的养育方式，自1981年问世以来，已经成为了养育孩子的"黄金准则"，其理论、理念和方法在全世界各地都被越来越多的父母和老师们接受，受到了越来越多父母和老师们的欢迎。

本书全面、详细地介绍了0～3岁孩子的身体、大脑、情感发育和发展的特点，以及如何将正面管教的理念和工具应用于0～3岁孩子的养育中。它将给你提供一种有效而充满关爱、支持的方式，指导你和孩子一起度过这忙碌而令人兴奋的三年。

无论你是一位父母、幼儿园老师，还是一位照料孩子的人，本书都会使你和孩子受益终生。

美]简·尼尔森
谢丽尔·欧文
罗丝琳·安·达菲 著
花莹莹 译
北京联合出版公司
定价：42.00元

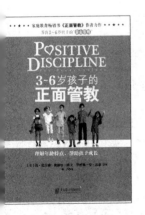

# 《3～6岁孩子的正面管教》

## 养育3～6岁孩子的"黄金准则"

**家庭教育畅销书《正面管教》作者力作**

3～6岁的孩子是迷人、可爱的小人儿。他们能分享想法、显示出好奇心、运用崭露头角的幽默感、建立自己的人际关系，并向他们身边的人敞开喜爱和快乐的怀抱。他们还会固执、违抗、令人困惑并让人毫无办法。

正面管教会教给你提供有效而关爱的方式，来指导你的孩子度过这忙碌并且充满挑战的几年。

无论你是一位父母、一位老师或一位照料孩子的人，你都能从本书中发现那些你能真正运用，并且能帮助你给予孩子最好的人生起点的理念和技巧。

[美]简·尼尔森
谢丽尔·欧文
罗丝琳·安·达菲 著
娟子 译
北京联合出版公司
定价：42.00元

# 《十几岁孩子的正面管教》

## 教给十几岁的孩子人生技能

**家庭教育畅销书《正面管教》作者力作**
**养育十几岁孩子的"黄金准则"**

度过十几岁的阶段，对你和你的青春期的孩子来说，可能会像经过一个"战区"。青春期是成长中的一个重要过程。在这个阶段，十几岁的孩子会努力探究自己是谁，并要独立于父母。你的责任，是让自己十几岁的孩子为人生做好准备。

问题是，大多数父母在这个阶段对孩子采用的养育方法，使得情况不是更好，而是更糟了……

本书将帮助你在一种肯定你自己的价值、肯定孩子价值的相互尊重的环境中，教育、支持你的十几岁的孩子，并接受这个过程中的挑战，帮助你的十几岁孩子最大限度地成为具有高度适应能力的成年人。

[美] 简·尼尔森
琳·洛特 著
尹莉莉 译
北京联合出版公司出版
定价：35.00 元

# 《正面管教》

## 如何不惩罚、不娇纵地有效管教孩子

**畅销美国 400 多万册　被翻译为 16 种语言畅销全球**

自 1981 年本书第一版出版以来，《正面管教》已经成为管教孩子的"黄金准则"。正面管教是一种既不惩罚也不娇纵的管教方法……孩子只有在一种和善而坚定的气氛中，才能培养出自律、责任感、合作以及自己解决问题的能力，才能学会使他们受益终生的社会技能和人生技能，才能取得良好的学业成绩……如何运用正面管教方法使孩子获得这种能力，就是这本书的主要内容。

简·尼尔森，教育学博士，杰出的心理学家、教育家，加利福尼亚婚姻和家庭执业心理治疗师，美国"正面管教协会"的创始人。曾经担任过 10 年的有关儿童发展的小学、大学心理咨询教师，是众多育儿及养育杂志的顾问。

本书根据英文原版的第三次修订版翻译，该版首印数为 70 多万册。

[美] 简·尼尔森 著
玉冰 译
北京联合出版公司
定价：38.00 元

# 《正面管教 A–Z》

## 日常养育难题的 1001 个解决方案

**家庭教育畅销书《正面管教》作者力作**
**以实例讲解不惩罚、不娇纵管教孩子的"黄金准则"**

无论你多么爱自己的孩子，在日常养育中，都会有一些让你愤怒、沮丧的时刻，也会有让你绝望的时候。

你是怎么做的？

本书译自英文原版的第 3 版（2007 年出版），包括了最新的信息。你会从中找到不惩罚、不娇纵地解决各种日常养育挑战的实用办法。主题目录，按照 A–Z 的汉语拼音顺序排列，方便查找。你可以迅速找到自己面临的问题，挑出来阅读；也可以通读整本书，为将来可能遇到的问题及其预防做好准备。每个养育难题，都包括 6 步详细的指导：理解你的孩子、你自己和情形，建议，预防问题的出现，孩子们能够学到的生活技能，养育要点，开阔思路。

[美] 简·尼尔森 琳·洛特
斯蒂芬·格伦 著
花莹莹 译
北京联合出版公司
定价：45.00 元

# 《正面管教养育工具》

## 赋予孩子力量、培养孩子能力的 49 种有效方法

**家庭教育畅销书《正面管教》作者力作**
**不惩罚、不娇纵养育孩子的有效工具**

正面管教是一种不惩罚、不娇纵的管教孩子的方式，是为了培养孩子们的自律、责任感、合作能力，以及自己解决问题的能力，让他们学会受益终生的社会技能和人生技能，并取得良好的学业成绩。

1981 年，简·尼尔森博士出版《正面管教》一书，使正面管教的理念逐渐为越来越多的人接受并奉行。如今，正面管教已经成了管教孩子的"黄金准则"。其理念和方法已经传播到将近 70 个国家和地区，包括美国、英国、冰岛、荷兰、德国、瑞士、法国、摩洛哥、西班牙、墨西哥、厄瓜多尔、哥伦比亚、秘鲁、智利、巴西、加拿大、中国、埃及、韩国。由简·尼尔森博士作为创始人的"正面管教协会"，如今已经有了法国分会和中国分会。

本书对经过多年实际检验的 49 个最有效的正面管教养育工具作了详细介绍。

[美] 简·尼尔森
玛丽·尼尔森·坦博斯基
布拉德·安吉 著
花莹莹 杨森 张丛林 林展 译
北京联合出版公司出版
定价：42.00 元

[美] 简·尼尔森 琳·洛特
斯蒂芬·格伦 著
梁帅 译
北京联合出版公司出版
定价：30.00 元

# 《教室里的正面管教》

## 培养孩子们学习的勇气、激情和人生技能

家庭教育畅销书《正面管教》作者力作
造就理想班级氛围的"黄金准则"
本书入选中国教育新闻网、中国教师报联合推荐
2014 年度"影响教师 100 本书"TOP10

很多人认为学校的目的就是学习功课，而各种纪律规定应该以学生取得优异的学习成绩为目的。因此，老师们普遍实行的是以奖励和惩罚为基础的管教方法，其目的是为了控制学生。然而，研究表明，除非教给孩子们社会和情感技能，否则他们学习起来会很艰难，并且纪律问题会越来越多。

正面管教是一种不同的方式，它把重点放在创建一个相互尊重和支持的班集体，激发学生们的内在动力去追求学业和社会的成功，使教室成为一个培育人、愉悦和快乐的学习和成长的场所。

这是一种经过数十年实践检验，使全世界数以百万计的教师和学生受益的黄金准则。

[美] 简·尼尔森
凯莉·格夫洛埃尔
阿伦·巴考尔
比尔·肖尔 著
张宏武 译
北京联合出版公司出版
定价：35.00 元

# 《正面管教教师工具卡》

## 教室管理的 52 个工具

家庭教育畅销书《正面管教》作者力作

该套卡片是将《正面管教》在教室里的运用，以卡片的形式呈现出来。在每张卡片上有对相应工具的简要介绍，以及具体的使用办法和相关示例，在卡片后还配有一幅形象而生动的插图。

该套卡片既适合教师单独集中时间学习，也适合与其他教师共同讨论。既可以放置于办公桌上，也可以随身携带，随时使用。它是尼尔森博士为教师量身定制的"工具百宝箱"。

# 《单亲家庭的正面管教》

## 让单亲家庭的孩子健康、快乐、茁壮成长

[美] 简·尼尔森　谢丽尔·欧文
卡萝尔·德泽尔　著
焱淼 张丛林 林展 译
北京联合出版公司
定价: 37.00 元

### 家庭教育畅销书《正面管教》作者力作
### 单亲父母养育孩子的"黄金准则"

单亲家庭不是"破碎的家庭"，单亲家庭的孩子也不是注定会失败和令人失望的，有了努力、爱和正面管教养育技能，单亲父母们就能够把自己的孩子培养成有能力的、满足的、成功的人，让单亲家庭成为平静、安全、充满爱的家，而单亲父母自己也会成为一位更健康、平静的父母——以及一个更快乐的人。

《单亲家庭的正面管教》是家庭教育畅销书《正面管教》作者简·尼尔森的又一力作。自从《正面管教》于 1981 年出版以来，正面管教理念已经成为养育孩子的"黄金准则"，让全球数以百万计的父母、孩子、老师获益。

《单亲家庭的正面管教》是简·尼尔森博士与另外两位作者详细介绍如何将正面管教的理念和工具用于单亲家庭的一部杰作。

# 《特殊需求孩子的正面管教》

## 帮助孩子学会有价值的社会和人生技能

### 家庭教育畅销书《正面管教》作者力作

[美] 简·尼尔森　史蒂文·福斯特
艾琳·拉斐尔　著
甄颖　译
北京联合出版公司
定价: 32.00 元

每一个孩子都应该有一个幸福而充实的人生。特殊需求的孩子们有能力积极成长和改变。

运用正面管教的理念和工具，特殊需求的孩子们就能够培养出一种越来越强的能力，为自己的人生承担起责任。在这个过程中，他们会与自己的家里、学校里和群体里的重要的人建立起深入的、令人满意的、合作的关系，从而实现自己的潜能。

# 《正面管教教师指南 A–Z》

## 教室里行为问题的 1001 个解决方案

**家庭教育畅销书《正面管教》作者力作**
**以实例讲解造就理想班级氛围的"黄金准则"**

本书包括两个部分：

第一部分，介绍的是正面管教的基本原理和基本方法，包括鼓励、错误目的、奖励和惩罚、和善而坚定、社会责任感、分配班级事务、积极的暂停、特别时光、班会，等等。

第二部分，是教室里常见的各种行为问题及其处理方法，按照 A–Z 的汉语拼音顺序排列，以方便查找。你可以迅速找到自己面临的问题，有针对性地阅读，立即解决自己的难题；也可以通读本书，为将来可能遇到的问题及其预防做好准备。

每个行为问题及其解决，基本都包括 5 个部分：

- 讨论。就一个具体行为问题出现的情形及原因进行讨论。
- 建议。依据正面管教的理论和原则，给出解决问题的建议。
- 提前计划，预防未来的问题。着眼于如何预防问题的发生。
- 用班会解决问题。老师和学生们用班会解决相应问题的真实故事。
- 激发灵感的故事。老师和学生们用正面管教工具解决相关问题的真实故事。

[美] 简·尼尔森
琳达·埃斯科巴
凯特·奥托兰
罗丝琳·安·达菲
黛博拉·欧文 – 索科奇 著
郑淑丽 译
北京联合出版公司出版
定价：55.00 元

# 《帮助你的孩子爱上阅读》

## 0 ~ 16 岁亲子阅读指导手册

没有阅读的童年是贫乏的——孩子将错过人生中最大的乐趣之一，以及阅读带来的巨大好处。

阅读不但是学习和教育的基础，而且是孩子未来可能取得成功的一个最重要的标志——比父母的教育背景或社会地位重要得多。这也是父母与自己的孩子建立亲情心理联结的一种神奇方式。

帮助你的孩子爱上阅读，是父母能给予自己孩子的一份最伟大的礼物，一份将伴随孩子一生的爱的礼物。

这是一本简单易懂而且非常实用的亲子阅读指导手册。作者根据不同年龄的孩子的发展特征，将 0 ~ 16 岁划分为 0 ~ 4 岁、5 ~ 7 岁、8 ~ 11 岁、12 ~ 16 岁四个阶段，告诉父母们在各个年龄阶段应该如何培养孩子的阅读习惯，如何让孩子爱上阅读。

[美] 爱丽森·戴维 著
宋苗 译
北京联合出版公司
定价：26.00 元

# 《如何读懂孩子的行为》

## 理解并解决孩子各种行为问题的方法

孩子为什么不好好吃、不好好睡？为什么尿床、随地大便？为什么说脏话？为什么撒谎、偷东西、欺负人？为什么不学习？……这些行为，都是孩子在以一种特殊的方式与父母沟通。

当孩子遇到问题时，他们的表达方式十分有限，往往用行为作为与大人沟通的一种方式……如何读懂孩子这些看似异常行为背后真实的感受和需求，如何解决孩子的这些问题，以及何时应该寻求专业帮助，就是本书的主要内容。

安吉拉·克利福德–波斯顿（Andrea Clifford–Poston），教育心理治疗师、儿童和家庭心理健康专家，在学校、医院和心理诊所与孩子和父母们打交道 30 多年；她曾在查林十字医院

]安吉拉·克利福德–波斯顿 著

夋兰 译

京联合出版公司

介：32.00 元

Charing Cross Hospital，建立于 1818 年）的儿童发展中心担任过 16 年的主任教师，在罗汉普学院（Roehampton Institute）担任过多年音乐疗法的客座讲师，她还是《泰晤士报》"父母论"的长期客座专家，为众多儿童养育畅销杂志撰写专栏和文章，包括为"幼儿园世界（Nursery World）"撰写了 4 年专栏。

# 《从出生到3岁》

## 婴幼儿能力发展与早期教育权威指南

### 畅销全球数百万册，被翻译成 11 种语言

没有任何问题比人的素质问题更加重要，而一个孩子出生后头 3 年的经历对于其基本人格的形成有着无可替代的影响……本书是唯一一本完全基于对家庭环境中的婴幼儿及其父母的直接研究而写成的，也是惟一一本经过大量实践检验的经典。本书将 0~3 岁分为 7 个阶段，对婴幼儿在每一个阶段的发展特点和父母应该怎样做以及不应该做什么进行了详细的介绍。

本书第一版问世于 1975 年，一经出版，就立即成为了一部经典之作。伯顿·L·怀特基于自己 37 年的观察和研究，在这本详细的指

美]伯顿·L·怀特 著

苗 译

京联合出版公司

价：39.00 元

手册中描述了 0~3 岁婴幼儿在每个月的心理、生理、社会能力和情感发展，为数千万名家长提供了支持和指导。现在，这本经过全面修订和更新的著作包含了关于养育的最准确的信息与建议。

伯顿·L·怀特，哈佛大学"哈佛学前项目"总负责人，"父母教育中心"（位于美国马萨诸塞州牛顿市）主管，"密苏里'父母是孩子的老师'项目"的设计人。

[美]特蕾西·霍格
梅林达·布劳 著
北京联合出版公司
定价：42.00 元

# 《实用程序育儿法》

## 宝宝耳语专家教你解决宝宝喂养、睡眠、情感、教育难题

《妈妈宝宝》、《年轻妈妈之友》、《父母必读》、"北京汇智源教育"联合推荐

本书倡导从宝宝的角度考虑问题，要观察、尊重宝宝，和宝宝沟通——即使宝宝还不会说话。在本书中，作者集自己近 30 年的经验，详细解释了 0～3 岁宝宝的喂养、睡眠、情感、教育等各方面问题的有效解决方法。

特蕾西·霍格(Tracy Hogg)世界闻名的实战型育儿专家，被称为"宝宝耳语专家"——她能"听懂"婴儿说话，理解婴儿的感受，看懂婴儿的真正需要。她致力于从婴幼儿的角度考虑问题，在帮助不计其数的新父母和婴幼儿解决问题的过程中，发展了一套独特而有效的育儿和护理方法。

梅林达·布劳，美国《孩子》杂志"新家庭（New Family）专栏"的专栏作家，记者。

[美]唐·坎贝尔 著
高慧雯 王玲月 娟子 译
北京联合出版公司
定价：32.00 元

# 《莫扎特效应》

## 用音乐唤醒孩子的头脑、健康和创造力

从胎儿到 10 岁，用音乐的力量帮助孩子成长！
享誉全球的权威指导，被翻译成 13 种语言！

在本书中，作者全面介绍了音乐对于从胎儿至 10 岁左右儿童的大脑、身体、情感、社会交往等各方面能力的影响。

本书详细介绍了如何用古典音乐，特别是莫扎特的音乐，以及儿歌的节奏和韵律来促进孩子从出生前到童年中期乃至更大年龄阶段的发展，提高他们的各种学习能力、情感能力和社会交往能力。对于孩子在每个年龄段（出生前到出生，从出生到 6 个月，从 6 个月到 18 个月，从 18 个月到 3 岁，从 4 岁到 6 岁，从 6 岁到 8 岁，从 8 岁到 10 岁）的发展适合哪些音乐以及这些音乐的作用都进行了详细的说明。

唐·坎贝尔，古典音乐家、教育家、作家、教师，数十年来致力于研究音乐及其在教育和健康方面的作用，用音乐帮助全世界 30 多个国家的孩子提高了学习能力和创造性，并体验到了音乐给生活带来的快乐。他是该领域闻名全球、首屈一指的权威。

# 《孩子爱发脾气，父母怎么办》

## 孩子发脾气的 11 种潜在原因及解决办法

**美国"妈妈的选择"图书金奖**

[美] 道格拉斯·莱利博士 著
·但 译
京联合出版公司
价：28.00 元

没有哪个孩子会无缘无故地发脾气，也没有哪个孩子在每一件事情上都发脾气。孩子的每一次脾气爆发，都是有原因的，是孩子在试图告诉父母或其他成年人一些什么……有时候，孩子无法用口头方式表达自己的烦恼或不快，而情绪和行为才是他们的语言，为了倾听他们，你必须学会破解这种语言……孩子在小时候改掉发脾气的毛病，在青春期和成年后才能快乐、平和，并有所成就。

道格拉斯·莱利博士，临床心理治疗师，擅长于治疗 3~19 的孩子。他还投入大量精力对父母们进行培训，教给他们改正自己孩子行为的方法和技巧。

# 《孩子顶嘴，父母怎么办？》

## 简单 4 步法，终结孩子的顶嘴行为

**全美畅销书**

美] 奥黛丽·里克尔
卡洛琳·克劳德 著
悦 译
京联合出版公司
价：20.00 元

顶嘴是一种不尊重人的行为，它会毁掉孩子拥有成功、幸福的一生的机会，会使孩子失去父母、朋友、老师等的尊重。

本书是一本专门针对孩子顶嘴问题的畅销家教经典。作者里克尔博士和克劳德博士以著名心理学家阿尔弗雷德·阿德勒的行为学理论为基础，结合自己在家庭教育领域数十年的心理咨询经验，总结出了一套简单、对各个年龄段孩子都能产生最佳效果，而且不会对孩子造成伤害的"四步法"，可以让家长在消耗最少精力的情况下，轻松终结孩子粗鲁的顶嘴行为，为孩子学会正确地与人交流和交往的方式——不仅仅是和家长，也包括他的朋友、老师和未来的上级——奠定良好的基础。

本书包含大量真实案例，可以让读者在最直观而贴近生活的情境中学习如何使用四步法。

奥黛丽·里克尔博士，美国著名心理学家，既是一名经验丰富的教师，也是一名母亲，终生　孩子打交道。卡洛琳·克劳德博士，管理咨询专家，美国白宫儿童与父母会议主席，全国志愿　中心理事。

# 《如何培养情感健康的孩子》

## 孩子必须被满足的 5 大情感需求

### 畅销美国 250000 多册的家教经典

孩子的情感健康，取决于情感需求是否得到满足。每个孩子有贯穿一生的 5 大情感需求，满足了这些需求，会为把孩子培养为自信、理智、有同情心和有公德心的人提供一个良好的基础，他们更有可能在学业、职场、婚姻和生活中取得成功。

杰拉尔德·纽马克博士既是一位父亲，又是一位教育家、研究员，从事与学校和孩子相关的咨询已经超过 30 年，他在教育领域所取得的卓越成就曾得到美国总统嘉奖。

[美] 杰拉尔德·纽马克 著
叶红婷 译
北京联合出版公司
定价：20.00 元

# 《4 年级决定孩子的一生》

## （修订版）

我国著名诗人艾青说过：人的一生很漫长，但最关键的却只那么几步……小学 4 年级就是孩子成长中最关键几步中的一步。

孩子的生长和发育存在若干关键时期，4 年级就是一个重要的期。4 年级是培养学习能力和情感能力的重要时期，是养成良好的习习惯和改变不良习惯的最后关键时机。4 年级是培养孩子学习恒的关键时期。4 年级是小学低年级向高年级的过渡期，孩子开始从被动的学习主体向主动的学习主体转变，学校教育的内容和方式发的一些明显变化、孩子自身心理和能力的发展都会表现为比较明的学习分化现象，有些孩子甚至开始出现学习偏科的端倪。

张伟 徐宏江 著
京华出版社出版
定价：24.00 元

孩子的成长要求父母对孩子教育的内容和方式也要随之改变，正确的教育将会起到事半功的作用，为孩子一生的成功打下坚实的基础。

本书自 2005 年 5 月出版以来，受到了广大学生家长和教师的热烈欢迎，深圳市将其列为"第六届深圳读书月推荐书目"。

以上图书各大书店、书城、网上书店有售。

团购请垂询：010-65868687

Email：tianluebook@263.net

更多畅销经典家教图书，请关注新浪微博"家教经典"（http://weibo.com/jiajiaojingdian）及淘宝网"天略图书"（http://shop33970567.taobao.com）